农村干部教育·农村经济综合管理系列图书

农村应用文写作实务（上）
——公务及事务文书

周 萍 主编

化学工业出版社

·北京·

《农村应用文写作实务》是农村干部教育·农村经济综合管理系列图书之一，是编者针对新时期农村干部群众的实际需求，在多年从事农村干部继续教育应用写作教学经验的基础上编写而成的。

《农村应用文写作实务》分上、下两册，本书是上册，内容主要包括：绪论、农村公务文书、农村事务文书以及村民委员会换届选举应用写作专题。本书以"用"定"编"，以"用"定"教"，学以致用，追求实效，易学易懂，具有较强的针对性、实用性、可读性，对提高广大农村干部群众和农业职业院校学生的应用文阅读与写作能力具有重要的作用。

本书可作为新农村干部群众教育与培训、各类农业职业院校涉农专业教材，也适合广大读者使用或参考。

图书在版编目（CIP）数据

农村应用文写作实务．上/周萍主编．—北京：化学工业出版社，2016.10（2022.11 重印）
（农村干部教育·农村经济综合管理系列图书）
ISBN 978-7-122-28153-1

Ⅰ.①农… Ⅱ.①周… Ⅲ.①汉语-应用文-写作 Ⅳ.①H152.3

中国版本图书馆 CIP 数据核字（2016）第 230441 号

责任编辑：迟 蕾 李植峰 张绪瑞　　　　装帧设计：刘丽华
责任校对：李 爽

出版发行：化学工业出版社（北京市东城区青年湖南街 13 号　邮政编码 100011）
印　　装：北京科印技术咨询服务有限公司数码印刷分部
710mm×1000mm　1/16　印张 15¼　字数 253 千字
2022 年 11 月北京第 1 版第 2 次印刷

购书咨询：010-64518888　　　　　　　　售后服务：010-64518899
网　　址：http://www.cip.com.cn
凡购买本书，如有缺损质量问题，本社销售中心负责调换。

定　价：48.00 元　　　　　　　　　　　　　版权所有　违者必究

农村干部教育·农村经济综合管理系列图书

编审委员会

主　　任　　伊立峰　　王兴建

副主任　　彭德举　　耿鸿玲

总主编　　彭德举

总主审　　石　晶

成　　员　　（按姓名汉语拼音排序）

　　　　　　边静玮　　段会勇　　耿鸿玲　　彭德举　　石　晶

　　　　　　唐巍巍　　王兴建　　伊立峰

《农村应用文写作实务》(上) 编写人员

主　　编　周　萍
副 主 编　李利昌　郑　倩　梁　岩
编　　者　(按姓名汉语拼音排序)
　　　　　李传伟　李利昌　梁承忠　梁　岩　刘　峰
　　　　　徐　涛　郑　倩　周　萍　朱永红

序

我国现在已经进入全面建成小康社会的发展阶段，农村正在全面实现农业现代化，农村的发展在一个很长的阶段是全国工作的重点。党和国家十分关心和重视农村、农业和农民问题，制订了一系列扶持农村发展的优惠政策。农村基层干部是党和国家政策的贯彻者、执行者，他们是党和国家联系农民群众的桥梁和纽带，他们素质的高低直接影响着农村发展的速度和农村的稳定。加强对农村基层干部系统的教育与培训是提升农村干部素质的重要手段和途径，为此山东省济宁市委组织部、山东省济宁市教育局、山东省济宁市高级职业学校、山东省济宁市农村干部学校、山东省济宁农村干部学院会同化学工业出版社组织编写了农村干部教育·农村经济综合管理系列图书。这对于丰富完善农村干部学历教育、提高农村干部的素质和业务能力具有重要意义。

这套图书是在总结十几年农村干部教育的改革创新实践经验的基础上编写的，同时吸收了山东省济宁市高级职业学校承担国家第三批改革发展示范校建设任务的有关成果。这套图书在编写时紧紧围绕当前农村党员干部队伍建设中存在的领导能力、致富带富能力、服务群众能力的提升需求，能够帮助农村基层干部改善工作方式方法，有助于培养优秀的农村党员干部和致富带头人。

这套图书内容十分丰富，涵盖了农村管理沟通实务、农村经纪人、农民专业合作社和家庭农场管理实务、农村应用文写作实务与农村社区文体等，都是当前农村工作中急需的知识和能力，针对性、实用性、操作性都很强。图书编写体例适应农村干部的特点，按实际工作任务划分模块，精心挑选了丰富的案例并进行分析，内容充实、通俗易懂、文字简洁，注重实用性、规范性，是一套在理念和体系上大胆创新的好图书。希望广大农村干部和农村经济综合管理工作者在使用这套图书时，提出宝贵意见和建议，我们将在再版修订时积极采纳。

前 言

农业是国民经济的基础,农民是我国人口的主体。没有农民的小康,就没有全国的小康;没有农业的现代化,就没有全国的现代化;没有农民能力素质的提高,就没有国民素质的整体提高。

我国现有约 60 万个行政村,400 多万名村干部,居住在乡村的人口为 67415 万人,占全国人口总数 50.32%(第六次人口普查结果)。社会主义新农村建设的深入推进,为新农村干部群众施展才能、大显身手提供了良好的机遇,同时也对他们的素质和能力提出了更多、更高的要求。农村干部如何在自己的领导岗位上有效地贯彻执行国家的路线、方针、政策,组织和指导村民自治,提高领导水平,增强领导能力,是村干部十分关注和迫切需要了解的问题,也是关系到农村发展的根本性问题。广大农民群众如何发展经济、提高生活水平、提高自身素质以适应新农村建设需要、适应社会发展需要,同样是关系到农村发展的重大问题。

我们在总结多年来开展农村干部继续教育中应用文写作课程教学改革经验的基础上,根据我国有关的方针、政策和 2012 年 7 月 1 日起施行的《党政机关公文处理工作条例》及相关要求,结合新形势下应用文写作的新变化和教学实践中学生的反馈意见,编写了本书。本书紧紧围绕农村干部群众所应具备的应用文写作素质和能力,根据农村干部群众工作和生活的实际需要进行内容编排,旨在为社会主义新农村建设培养有素质有能力的人才。

本书共有六大类文书、一个专题,分上、下两册。上册主要有绪论、农村公务文书、农村事务文书以及村民委员会换届选举应用写作专题;下册主要有农村礼仪文书、农村生活文书、农村经济文书和农村法律文书,皆为常见常用的应用文书,为广大农村干部群众和读者提供了很好的借鉴和学习材料。

为了达到实用易学的效果,本书设计了情境导入、实例阅读、必备知识和思考题四个板块:由现实生活中的实际问题导入,然后列举有代表性的农村应用文实例，提供较为科学、具体、系统的必备理论知识，最后是几个重点思考的问题。必备知识包括概念、特点、种类、作用、格式与写法、写作注意事项和写作要求等内容。

从编写形式和内容的角度来说，本书力求适应新农村干部群众的实际情况；从编写目的的角度来说，本书以"用"定"编"，以"用"定"教"，学以致用，追求实效，以切实达到实用之目的，具有较强的针对性、实用性、可读性。本书是提高广大农村干部群众常用常见应用文阅读与写作能力的创新教材，适用于农村干部群众继续教育、中高等农业职业教育和短期培训等。

本书上册由周萍任主编，李利昌、郑倩、梁岩任副主编，徐涛、梁承忠、李传伟、刘峰和朱永红等也参加了部分内容的编写。下册由梁承忠、徐涛任主编，朱永红、刘峰和周萍任副主编，王家军、刘金柱、周长福和唐巍巍、张新峰也参加了部分内容的编写。

由于编者水平有限，书中难免存在疏漏与不足之处，欢迎广大读者批评指正，以便进一步修订完善。

编者

2016 年 10 月

目 录

第一章 绪论
第一节 应用文概述 …………………………………………………… 1
第二节 应用文写作基础知识 ………………………………………… 4

第二章 农村公务文书
第一节 决议 …………………………………………………………… 14
第二节 决定 …………………………………………………………… 17
第三节 命令（令） …………………………………………………… 23
第四节 公报 …………………………………………………………… 27
第五节 公告 …………………………………………………………… 32
第六节 通告 …………………………………………………………… 34
第七节 意见 …………………………………………………………… 37
第八节 通知 …………………………………………………………… 42
第九节 通报 …………………………………………………………… 46
第十节 报告 …………………………………………………………… 54
第十一节 请示 ………………………………………………………… 57
第十二节 批复 ………………………………………………………… 62
第十三节 议案 ………………………………………………………… 65
第十四节 函 …………………………………………………………… 70
第十五节 纪要 ………………………………………………………… 77

第三章 农村事务文书
第一节 消息 …………………………………………………………… 83
第二节 计划 …………………………………………………………… 90
第三节 总结 …………………………………………………………… 95
第四节 调查报告 ……………………………………………………… 102

第五节	述职报告	108
第六节	会议记录	118
第七节	大事记	123
第八节	公示	129
第九节	建议书	132
第十节	倡议书	135
第十一节	海报	138
第十二节	简报	142
第十三节	竞聘演讲词	150
第十四节	会议主持词	159
第十五节	开幕词、闭幕词	167
第十六节	解说词	174

专题　村民委员会换届选举应用写作

程序一	村民委员会换届选举准备	187
程序二	推选村民选举委员会	187
程序三	选民登记	188
程序四	提名确定候选人	192
程序五	正式选举	198
程序六	另行选举、重新选举	213
程序七	村民委员会工作移交	215
程序八	推选村民小组长、村民代表	215
程序九	总结和档案管理	218
程序十	延期换届的处理	219
程序十一	村委会成员的罢免、辞职、职务终止和补选	220

附录　党政机关公文处理工作条例

参考文献 … 233

第一章

绪 论

第一节 应用文概述

情境导入

在日常工作生活中,我们经常接触和使用应用文。比如:贫困家庭写困难补助申请书;邻里之间或个人向单位、集体借钱借物,需要写借条作为依据;双方因土地界限不清引起纠纷,在基层调解无效的情况下,起诉到法院,需要写起诉状;乡村生态旅游景点的导游带领游客观光,需要解说词或导游词等。这些都是应用文。

你在生活和工作中接触或使用过哪些应用文?能比较规范地写作一些常用的应用文吗?

必备知识

一、应用文的概念

应用文是指国家机关、企事业单位、社会团体或个人在日常工作、生活中,为处理公私事务、交流传递信息、解决实际问题时所使用的具有惯用格式和直接实用价值的文章的总称。

这个概念涵盖了应用文的基本特征,使它明显区别于其他文体。

二、应用文的特点

1. 文体的实用性

实用性,是指应用文无论在处理公共事务还是私人事务中,都具有实际应用的价值。"实用"是应用文最重要的特点,文中不仅要说明提出的主要问题是什么,而且要明确指出解决这个问题的具体意见、办法,直接为解决现实问题而写。实用性是判断应用文好坏的价值尺度。

2. 体式的规范性

应用文体式的规范性主要表现在两个方面。

（1）文种的规范性　内容决定文种,即办什么事用什么文种,有大体的规定,不能乱用。

（2）格式的规范性　每一种文种都有一定的规范格式,不能随意变更。

3. 内容的真实性

真实性是指内容真实确凿,实事求是,这一点是由应用文的实用性决定的。因为应用文是管理工作的工具,要为解决现实问题、指导实际工作服务,因而它完全排斥虚构和杜撰。文中的数据、材料等要真实、准确,所发布、传达的上级指示精神要确切,不能经过任何艺术加工；否则将贻误工作,甚至制发者将承担一定的行政和法律责任。

4. 语言的简明性

简明性是指应用文在语言上尽量简洁、明确。应用文是为处理日常事务而存在的,简洁才能提高办事效率,明确才能保证工作质量。因此,应用文要避免使用一些不切实际的形容词和不适宜的比拟、夸张等修辞方法。

5. 写作的时效性

应用文是为了处理事务、交流信息、解决问题而写的,而事物又是在不断变化的,要充分发挥应用文的功能和作用,就必须在一定的时间内解决问题。在信息化、网络化广泛普及的今天,时间就是金钱,效率就是生命,对时效性的要求非常高。应用文的时效性主要表现在三方面：快写、快发、快办。有些应用文正是由发文日期来表示它的生效期限或正式执行的日期,有的应用文还明确规定了有效期限。如果延误时间,时过境迁,就失去了它的实用价值,也影响了工作和问题的解决。

三、应用文的种类

应用文使用广泛,种类繁多,可以从不同的角度划分成不同的类别。根据应用文使用的范围和功用大致分为以下类别。

（1）公务文书　决议、决定、命令（令）、公报、公告、通告、意见、通知、通报、报告、请示、批复、议案、函、纪要。

(2) 事务文书　消息、计划、总结、调查报告、述职报告、会议记录、大事记、公示、建议书、倡议书、海报、竞聘演讲词、会议主持词、简报、开幕词、闭幕词、解说词等。

(3) 生活文书　求职信、应聘信、推荐信、介绍信、证明信、申请书、启事、声明、便条和单据等。

(4) 礼仪文书　请柬、欢迎词、贺信（函）、贺电、贺词、祝酒（寿）词、表扬信、感谢信、答谢词、证婚词、慰问信、讣告、悼词和唁电等。

(5) 经济文书　意向书、经济合同、协议书、招标书、投标书、策划书、商业广告、商品说明书、市场调查报告、经济活动分析报告和审计报告等。

(6) 法律文书　起诉状、上诉状、申诉状、答辩状、反诉状和仲裁申请书等。

此外，还有其他一些文种，不再一一列举。

四、应用文的作用

应用文是一种工具，它是用来处理公私事务、交流传递信息、解决实际问题的。国家机关、企事业单位、社会团体或个人，在日常工作、生活中是离不开应用文的。应用文最基本的作用主要有以下几点。

1. 宣传和教育作用

应用文具有宣传和教育作用。党政机关经常通过应用文，向有关单位和人民群众广泛宣传路线、方针、政策，指导并推动各项工作开展，以便使各部门按照客观规律办事，从而推动国家建设。如若是法规性文件，则对人们行为起着规范和准绳作用。

2. 联系交流作用

古今中外大量的事实证明，应用文有着重要的联系、交流作用。在国与国之间，党派之间，都是通过应用文进行交流、沟通，达到互相了解、理解、信任，实现相互合作、共同发展的目的。在今天的大数据时代，应用文发挥着更重要的作用。应用文中的每一文种，只要一经成文发布，就是一种信息，及时捕捉、利用这种信息，在激烈的竞争中就有主动权，就能创造和把握更好的机遇发展自己、壮大自己。应用文既有信息的告知作用，又有信息的交流作用，是沟通上下的渠道、联系左右的桥梁，从而推动各项工作有序、顺利地进行。

3. 依据和凭证作用

应用文的依据和凭证作用，主要表现在两个方面。

① 上级机关在制定方针、政策或做出决定、规定、计划时，有关领导人除了有限地亲自深入到实际工作中调查研究外，一个重要的方面，就是依据下级机关上报的总结、报告、纪要、简报和秘书部门撰写的调查报告等应用文来进行决策。

② 下级机关开展工作、处理问题、解决矛盾时，上级机关发布的有关决定、决议、条例、办法等应用文，不仅成了办事的重要依据，而且成为解决矛盾、判断是非的凭证。

4. 管理指导作用

在贯彻党的方针、政策，进行有效管理时，制发公文等文书是惯用的主要渠道，尤其是应用文中的下行文，大都具有行政领导和行政管理的作用。这不仅因为应用文是国家政府或执政党实施领导、管理、指导、指挥各部门的有力工具，而且是国家或执政党方针、政策具体化的书面形式。

思考题

1. 应用文有什么特点？
2. 应用文有哪些作用？

第二节　应用文写作基础知识

情境导入

"我村所属××果蔬加工有限公司去年借助外部东风，生产一度像穿云燕子，飞向百尺竿头……"

此段话是从××果蔬加工有限公司领导所写的工作总结中摘录的，这样写是否合适？你能说说理由吗？

必备知识

应用文的写作要注意把握主题、材料、结构、语言这几个要素。掌握这些要素的要求，才能写出主题明确、材料充实、结构严谨、语言简洁的合乎应用文体要求的各种文书。

一、应用文的主题

1. 主题的含义

应用文的主题就是通过文章内容所表现出来的核心思想、主要意图、基本观点或要说明的主要问题。

应用文的主题是应用文的灵魂，它决定着应用文质量的高低、价值的大小、社会作用的强弱。应用文主题决定材料的取舍和使用，统领文章的结构，制约语言的运用。词语的选择、句式的运用、表达方式的使用都受到主题的制约。

应用文的主题形成，往往是"意在笔先"，即根据应用文撰写目的确定主题和文体，并搜集和选择材料。

2. 应用文主题的要求

写作应用文对主题的要求：正确、鲜明、深刻、集中、新颖。

（1）正确　是指主题能反映客观实际，符合客观事物发展的规律，具有科学性，符合党和国家的路线、方针、政策，有益于时，有补于世。

（2）鲜明　是指作者的基本态度、文章的基本思想十分明确，毫不含糊。对问题的认识，对事物的评价，主张什么，反对什么；应该怎样做，不应该怎样做；解决什么问题，达到什么目的：都要旗帜鲜明地表达出来，不能含糊其辞，模棱两可，要用"直笔"。

（3）深刻　是在主题正确的基础上，要有思想深度，要反映和提示客观事物的深层本质，阐明事物之间的必然联系，具有深刻的思想意义和丰富的内涵。

（4）集中　是指一篇文章只能有一个主题，材料的使用，谋篇布局，遣词造句，都要为突出这个主题服务。

（5）新颖　即主题要有新意，所反映的作者的观点、感受、主张、意见，不落俗套，不拾人牙慧，有自己的独特性，给人以新鲜醒目之感，使人耳目一新。

3. 应用文确立主题的原则

（1）工作需要和写作目的　动笔之前，首先要考虑写作的具体目的是什么，主题必须符合行文目的，作者在确立主题时要正确理解和深刻领会办公意图。

（2）符合实际，切实可行　确立主题要立足实际，要从个人、本地区、本部门的实际情况出发，只有这样，所作的指示，所提出的意见和办法，所总结的经验，才能有的放矢，切实可行。

（3）以丰富、真实的材料为基础　必须深入生活，掌握丰富真实的材料，了解全面、真实的情况，才能提炼出正确、深刻的主题。

4. 表现主题的方法

（1）显现法　又叫直接法，它是在文章的某一部位，用明确而简练的语言，直截了当地把主题表述出来。应用文大都采用这种方法。常见的有以下几种方式。

① 标题明旨，就是在标题中直接点明主题。

② 开宗明义，就是开门见山，在开头部分亮出观点、点明主题，给人以鲜明的印象，然后再逐步展开阐述。

③ 文中点旨，就是在行文中，当叙述或议论到一定程度的时候，在主体部分自然引出主要论点或中心思想。

④ 篇末结意，就是在文章结尾处，用简明扼要的文字归纳出主题，加深读者的印象。

表明主题有时需要几种方法综合运用。大多数的应用文，常常是开头点题，结尾重复强调，做到上下呼应，首尾圆合。

（2）对比法　又叫比较法，是通过文章不同侧面或不同性质内容的对比来揭示主题，主要有下面两种方法。

① 抑扬法，指对于要表现的人、事、物采用有扬有抑的方法，形成鲜明的对比，以突出主题。

② 疏密法。疏，指疏笔，即略写；密，指密笔，即详写。通过略写和详写的鲜明对比，使文章主次分明，中心突出。凡与主题关系密切，就详写；与主题关系不大，就略写。

二、应用文的材料

1. 材料的含义

材料，是指作者为完成文章的写作，体现自己的写作意图和目的，从实际工作、学习、生活中搜集到的或写入文章中的一系列事实根据和理论根据，如人物、事件、数据、例证、原因、道理等。它包括作者在写作之前搜集积累的原始材料和经过作者选择提炼后写进具体文章中的材料。

材料是写作活动的基础，是构成文章的一个基本要素，应用文写作的过程，就是作者将各式各样的原始材料进行分析、提炼、综合加工的过程。有了切实、充分、具体的材料，构思才有依托，剪裁加工才有对象，写作活动才得以进行。

2. 材料的采集

（1）材料的采集要求　首先是全面，着眼于一个"博"字；其次是深入，着眼于一个"透"字；第三是细致，着眼于一个"细"字。

（2）材料的采集方法

① 观察，是作者凭借自己的感觉对对象进行有目的、有计划、比较持久的感知，记录所得的材料。这是取得第一手材料的主要途径。

② 体验，即置身于对象所处的环境之中，用整个身心去感受。其价值在于它的"亲历性"。通过体验，获得切身感受，以积累素材。

③ 调查访问，即通过向知情人、有经验的人询问以了解真实情况，获得材料。可以采用开座谈会、个别访问、现场了解、蹲点调查、问卷调查等方法，有目的、有计划地采集第一手和第二手的材料。

④ 阅读观听，就是从各种文献、音像资料中获取材料。通过广泛的阅读视听，可以掌握大量的知识与信息，从而进行比较、分析、归纳，提炼出正确的决策或论题。

⑤ 计算机检索，是当今最便利、最普遍的采集材料的方法。通过计算机网络，可以在很短时间内比较容易地调用所需材料，而且收集保存也极为方便。

3. 材料的选择

材料的选择要掌握以下原则。

（1）符合文章主旨　凡是与主题有关，并能很好表现主题的材料，就选用；凡是与主题无关或似是而非的材料，就舍弃。对已经选定的材料，根据主题需要决定详略。

（2）真实　要确有其人，确有其事，符合实际情况，不能杜撰，也不能夸大或缩小，引文也必须认真核对，不能出错。

（3）典型　指材料所具有的代表性和普遍意义，能起到以少胜多，以一当十的作用。选材贵在精，精就精在"典型"上。

（4）新颖　一是新近发生的别人未曾使用过的、鲜为人知的材料，如新人、新事，新方针、政策，新的统计数字，新成果，新发生的问题等；二是虽为人知，却因被变换角度而具有新意的材料。

4. 材料的使用

选好材料之后，要正确使用，应注意以下几方面。

（1）量体裁衣，决定取舍　所谓取舍，针对的是一些法规性、指令性文书，多数材料只是作为写作的依据，不进入正文，虽然通过了挑选，但实际写作过程中还是要舍的。"量体裁衣"，是根据文章体裁不同，对选定的材料进行不同的剪裁加工。

（2）主次分明，详略得当　使用材料时，能直接说明和表现主题的，应置于主要核心地位；配合或间接说明、表现主题的，应置于次要地位。两者是"红花"与"绿叶"的关系。核心材料，要注意详尽；过渡材料、交代性材料，要相应从略；读者感到生疏或难以把握的材料应详，读者所了解或容易接受的材料可从略。

（3）条理清晰，排好顺序　对已选定的材料，应根据事物发展的过程、人们的认识规律或材料之间的逻辑关系排好顺序，将各种不同类型的材料合理搭配，有条不紊地写出来。

大多数应用文，是选择若干材料，从不同角度、不同层次，阐明主题。写作过程中，将同类型的材料结合使用，可以优势互补，提高整体表达效果。常用的结合方式有：理论材料与事实材料结合；具体材料与概括材料结合；文字材料与数字材料结合。

三、应用文的结构

1. 结构的含义

结构是指文章内部的组织和构造，是作者按照主题的需要，对材料所进行的有机组合和编排，又称谋篇布局。文章的结构具有两重含义：一是宏观结构，即文章的总体构思、大体框架；二是微观结构，即对文章的层次、段落、开头、结尾、过渡、照应和主次的具体设计。

2. 结构的作用

（1）使文章言之有体　"体"指体裁。应用文在长期的写作实践过程中，大都形成了比较固定的结构形态，也叫程式。

（2）使文章言之有序　"序"指条理。合理安排结构，就是根据一定的思路，将零散的材料组织起来，使之条理清楚，成为一个有机的整体。

（3）使文章言之成文　通过精心安排结构，可以增加文章的文采，从而增强其可读性。

3. 安排结构的原则

（1）要服从表现主题的需要　主题是作者的写作目的、意图的体现，结构必须服从主题的需要，为表现主题、突出主题服务。例如怎样安排开头与结尾、怎样划分层次与段落、怎样设置过渡与照应、怎样确定主次与详略等，都要围绕主题进行。这样，才能使文章组成一个严谨周密、内容形式统一的有机整体。

（2）要正确反映客观事物的发展规律和内在联系　应用文是对现实生

活、客观事物的反映，客观事物总有一个发生、发展、结局的过程，作者对它的认识也遵循一定的规律。这种规律性，也就表现为文章结构的基本形式。

（3）要适应不同文体的要求　文体不同，结构的样式和要求也会不同。应用文不同于文学作品，不同类型的应用文体结构方式也存在着区别。

4. 结构的要求

（1）严谨自然　指文章结构严密，顺理成章。要求作者思路清晰，思维严密，以主旨贯穿全文始终，不枝不蔓。层次段落的划分要恰当，组织严密，联系紧凑，脉络畅通，行止自如。过渡和照应要自然，不能刻意地雕凿，更不能牵强拼凑。

（2）完整匀称　指文章各部分要配置齐全，比例协调，详略得当，完整合理，重点突出，符合格式要求。如文章一般都有开头、主体和结尾三部分，三部分比例要协调，主体要内容充实，不能虎头蛇尾或尾大不掉；对并列内容的处理，要注意处理好详写和略写的关系，以保证结构的完整和匀称，使之浑然一体。

（3）清晰醒目　大多数应用文不要求行文曲折波澜，而要求纲举目张、清晰醒目，以便读者把握要领或贯彻执行，所以常采用加小标题、写段首提要、条目式等形式。这在一些法规性文体中最为明显。

5. 结构的内容

（1）层次与段落　层次是文章中作者表达主题的阶段和顺序，是文章内容展开的次序；层次体现了事物发展的阶段，是问题的各个侧面和作者思维的过程，又称为意义段、逻辑段、章、节等。段落，又称自然段，是组成文章、表达思想最基本、相对独立的最小单位；段落的形式是层次的再分割，是文章意思的间歇或转换，以换行为标志。两者有明显的区别，层次侧重于内容的划分，段落侧重于文字形式的表现。有时一个段落恰好是一个层次，有时几个段落表现一个层次或一个段落内有几个层次。安排层次有两种模式。

① 纵式，即思路纵向展开的结构方式。具体有两种类型：时间顺序式和逻辑顺序式。前者是按照事物的生产流程、事情或事件的发展过程或时间的先后顺序安排层次。需要注意的是，采用这种结构方式，不能事无巨细地记流水账，要抓住事物发展的关键环节。逻辑顺序是按照事理内在的逻辑顺序安排层次。这种逻辑关系表现为：现象—本质，原因—结果，宏观—微观，个别——一般等。按照这样的关系先后为序、环环相扣、层层

递进地安排结构，就是逻辑顺序。

② 横式，即思维横向发展的结构方式。表现在形式上，它是把整体划分为若干相对的层次，各层次之间互不交织、平等并列，从不同方面和角度共同揭示了事物的整体面貌和主旨，或按照空间方位的变换，或按照材料的不同性质和类型，或按照问题的不同侧面等。这种结构形式，在应用写作中运用很广泛，述职报告、调查报告、总结等均可采用。

（2）过渡与照应　过渡是指层次或段落之间的衔接与转换，在文章中起着承上启下、穿针引线的作用。照应是指文章内容的前后呼应和关照，可以使文章结构周密严谨，浑然一体，还能使某些关键内容得到强调，突出主题。

一般情况下，内容由总到分或由分到总、意思转换以及表达方式变化时，需要安排过渡。过渡的形式有段落、句子或词语。如上下文空隙大，转折也很大，常用过渡段。上下文空隙小，多用提示性的句子，如公文中，常有"特此通告如下""现将有关事项告知如下""为此，特制定本条例"等作过渡。在意思转折不大的情况下，多用关联词，如"因为""所以""但是"等作为过渡词。

在应用文中，常用的照应方法有以下几种。

① 首尾照应，即在文章的结尾处，把开头交代的事或提出的问题再次提起，有的进一步加以概括、归纳、补充，如论文、总结、调查报告等。

② 文题照应，即指在行文中时时照应标题，对主题加以强调、提示。如大多数公文标题中都包含着"事由"，文章内容自然要与标题相照应。

③ 文中照应，即文章自身前后内容间的照应，如某些细节和问题在行文中不断被提起，这样能强化印象，更好地实现作者的表达意图。

（3）开头与结尾　开头是全篇文章的第一步，可以起到统领全篇、展开全文的作用。

常见的开头方式有以下几种。

① 目的式，就是将写作的目的和意义直接说明。一些公文常用这种方式，常用介词"为""为了"领起下文。

② 根据式，就是开头阐明撰文的根据，或引据政策法令和规定指示，或引述全文，或引据事实和道理，常用"根据""按照""遵照"等领起下文。

③ 原因式，就是以交代行文的缘由作为开头，常用"由于""因""鉴于"等引出原因或简述某种情况作为原因，再引出写作目的。

④ 概述式，就是在开头部分对文章内容的背景、基本情况、主要内容加以概述。采用这一方式，能起到提纲挈领的作用。

⑤ 结论式，就是将结论、结果先作交代，再由果溯因。

⑥ 提问式，就是开篇提出问题，然后引起下文，常见于调查报告的写作。

⑦ 引述式，常用于有具体规定格式的文体中，如"合同"，或引述下级来文、上级指示精神，或有关政策法规，以此作为撰文的依据。如批复、函等常用这种方式。

结尾是全文的收束和结局，能帮助读者加深认识，把握全篇，达到预期的写作目的。应用文的结尾讲究言尽意尽，不留"余味"，不添"蛇足"，更不能草率。

常见的结尾方式有以下几种。

① 自然收尾式，就是在主体部分写完之后，事尽言止，自然收结。

② 总结归纳式，指在主体写完后，对全文的主旨进行简要的概括，总结全文。

③ 强调说明式，是在应用文的结尾处，对全文的主旨意义、重要性进行强调，以引起读者的注意。

④ 希望号召式，就是在结尾部分提出希望，发出号召，展望未来，以鼓舞斗志。

⑤ 补充说明式，对与主体内容有关但性质不同的问题或事项作补充交代和说明，以保证内容的完整性，如公文结尾交代施行日期、执行范围、传达对象、与该文规定不符的原有规定如何处置等；有的结尾处说明尚未解决而应另作讨论的问题。

⑥ 专门结尾用语式，就是在结尾处，采用特定的用语结束全文。

四、应用文的语言

写作应用文要从以下几个方面注意语言的表述。

1. 准确

准确，就是要正确地、恰当无误地表达出所要表达的内容，用词用语含义清楚，概念恰当明确，不产生歧义，不引起误会，无溢美之词，无隐恶之嫌。

要做到语言准确，必须要把握词语的分寸感和合适度。特别是要区分同义词、近义词在适用范围、词义轻重、搭配功能、语体雅俗、词性差别等方面的细微差别。

要做到语言准确，还要注意语意鲜明，不能模棱两可，含糊其辞，以免产生歧义，延误工作。如"大致尚可""有关部门""条件许可时""事出有因，查无实据"等表达含糊的词应谨慎使用。

2. 简明

简明，指文字的简洁、明白，用较少的文字清楚表达较多、较丰富的内容，要"有话则长，无话则短"。要做到简明，首先要精简文意，压缩篇幅，突出主干，把无关或关系不大的内容删去。其次要反复锤炼，提高概括能力，杜绝堆砌修饰语，适当使用缩略语。第三，要推敲词语，锤炼句子，一句话就能说明白的不用两句话，一个词能概括清楚的不用两个词。恰当地运用成语、文言词语等，也有助于语言的简明。第四，要注意用词通俗，不用生僻晦涩的字句。应该指出的是，"简"要得当，不能苟简，要以不妨碍内容的表达为前提，绝不能为简而生造词语、乱缩略、滥用文言，不能让人不明白或产生歧义，引起误解。

3. 平实

应用文是为解决实际问题而写的，它的语言重在实用。一个字、一句话，往往至关重要。为了便于读者理解，应用文语言应力求平实。行文时多用平直的叙述，恰当的议论，简洁明了的说明。比如公文，它具有行政约束力和法定的权威性，因此，用语必须朴素、切实，不能浮华失实，不能乱用形容词或俚俗口语。

4. 得体

应用文实用性强，讲究得体。一方面要适合特定的文体。按文体要求遣词造句，保持该文体的语言特色。如公文宜庄重，调查报告须平实，学术论文应严谨，社交文书需较浓的感情色彩，广告就常用模糊的语言，使用说明书则需具体实在，商业交际文书要委婉，合同书则要精确等。另一方面要考虑作者自己的身份，阅读的对象，约稿的单位，行文的目的，甚至与客观环境的和谐一致，恰如其分。比如需要登报或张贴的，语言要通俗易懂；需要宣读或广播的，语言应简明流畅、便于朗读；书信的写作，要根据远近亲疏、尊卑长幼的关系使用相应的语言；公文的写作要根据不同文种和行文关系而使用相应的语言，否则就不得体。总而言之，作者应有针对性地运用得体的语言取得最佳的表达效果。

五、应用文惯用语汇

应用文惯用语汇是写作实践的产物，是应用写作中常用的习惯用语，这种语言已经约定俗成，得到广泛的认可。学习掌握这种语言的关键是表达要简明而又合乎规范。应用文惯用语汇根据功用不同，可大致分为下列几类。

(1) 起始用语　根据、按照、依照、兹、兹因、兹定于、为了、关于、鉴于、由于、据核实。

(2) 称谓用语　本、我、贵、你、该、本公司、我厂、我单位、你、你局、你公司、贵公司、该项目、该产品。

(3) 递送用语　报、呈、送、发、颁发、下达、印发。

(4) 经办用语　兹经、业经、已经、即经、前经、业已、报经、经由、未经。

(5) 引叙用语　悉、收悉、近悉、欣悉、惊悉、近接、现接、鉴于。

(6) 期请用语　即请查照、希即遵照、希、希予、望、希望、请、拟请、恳请、特请、务请、务希、如蒙、勿误。

(7) 祈使用语　着、着令、特命、交办、试办、责成、令其、毋违。

(8) 谦敬用语　请、承蒙、惠允、惠示。

(9) 时限用语　当即、立即、从速。

(10) 表态用语　照办、同意、可行、不宜、不予、不可、不同意、遵照执行、拟同意、拟原则同意。

(11) 征询用语　当否、可否、妥否、是否可行、是否妥当、是否同意。

(12) 期复用语　请批示、请批复、请复、盼复、请告知、请批转、请审核。

(13) 回复用语　此复、特此批复、特此函复、收悉。

(14) 结尾用语　为要、为盼、为荷、特此函达、特此证明、此致、致谢、特此通知。

思考题

1. 应用文的材料选择有哪些原则？
2. 应用文的开头和结尾分别有哪些方式？

第二章 农村公务文书

公文是公务文书的简称。它是党政机关用以处理公共事务、开展公务活动的一种具有特定效力和规范体式的文体。它是传达贯彻党和国家方针政策，公布法规和规章，指导、布置和商洽工作，请示和答复问题，报告、通报和交流情况等的重要工具。

《党政机关公文处理工作条例》中规定了15种公务文书，有决议、决定、命令（令）、公报、公告、通告、意见、通知、通报、报告、请示、批复、议案、函和纪要。

第一节 决 议

情境导入

××村为开发利用公益林地的低产林，培育森林资源，提高林地产值，村民委员会及村民代表召开会议，讨论将本村林地流转给中国森林总公司问题，并形成村民代表会议关于林地流转的决议。

那么，什么是决议？你了解决议吗？

【例文】

××镇××村
村民代表大会决议
（××××年×月×日××村第×次村民代表大会通过）

××村于××××年×月×日在村委会召开村民代表大会。

全村共有代表××名，今到会××名，到会人数已达到三分之二以上。

会议主要讨论了县农业综合开发办公室在本村实施《国家农业综合开发土地治理中低产田改造项目》有关事宜。项目实施水利、农业、科技三项措施，其中：

1. 水利措施包括：新建拦河坝、开挖疏浚渠道、衬砌三面光排灌渠道和建设路桥、埋设涵管等。

2. 农业措施包括：种植绿肥改良土壤、推广优质稻和超级稻种植，修建机耕路工程等。

3. 科技措施包括：科技培训和超级稻、甜玉米、马铃薯免耕栽培等示范推广。

针对以上议题与会村民代表进行认真讨论，形成如下决议。

1. 农业综合开发土地治理项目是国家引导和扶持农田基本建设的重大举措，是一项"德政工程"和"民心工程"，全体村民坚决拥护和支持。

2. 全体村民应当坚持"国家出资、群众投劳，民办公助"原则，以主人翁态度支持项目建设。

3. 为支持项目建设，全体村民应积极投工投劳，并有义务协助做好项目有关的实施工作。

4. 对于因工程施工需要占用的耕地由村、屯自行调整解决。

村民代表签字：

××村委会（章）
××××年×月×日

必备知识

一、决议的概念

决议适用于发布经会议讨论通过的重大决策事项，是一种重要的下行文。

二、决议的特点

1. 决策性

决议是针对重大问题和重大事项做出的决策，一经形成，就会在较大范围内对工作和生活造成重大影响。

2. 权威性

决议作为党政机关用于重要决策事项的公文，是在党政机关领导机构的会议上研究、讨论后形成的，代表着党政机关的意志，一经发布，其下属机关及人员必须严格遵守，认真落实，不得违背，具有很强的权威性。

3. 严格的程序性

决议必须经会议讨论、表决、通过之后才能形成，有严格的程序性。

三、决议的分类

根据决议涉及内容范围的不同，可分为两大类。

1. 事项性决议

事项性决议是对会议讨论通过的具体事项的决议。这类决议涉及的内容比较具体。对于重要的、长期的工作，可采用决议的形式进行布置安排。对于批准某项重要的报告或文件，也用决议的形式。

2. 重大问题决议

重大问题决议是对会议关于重大问题讨论后作出的总结性决议。

四、决议的格式与写法

决议一般由标题、题注、正文三部分组成。

1. 标题

决议的标题有三种写法。

（1）发文机关＋主要内容＋文种　如《中共中央关于社会主义精神文明建设若干问题的决议》。

（2）会议名称＋主要内容＋文种　如《第十二届全国人民代表大会第一次会议〈关于政府工作报告〉的决议》。

（3）主要内容＋文种　如《关于建国以来党的若干历史问题的决议》。

2. 题注

决议的题注用小括号标注在标题之下，一般格式写为"（××××年×月×日××××××会议通过）"。

3. 正文

不同的决议正文写法稍有不同。

（1）通过某文件的决议　这类决议是为了对工作报告或某一文件作出

评价并表明态度而写的，其正文一般分三个部分。

① 写什么会议讨论通过（审查、批准）了谁的工作报告或制订的什么文件（如预算、计划等）。

② 介绍会议有关情况，一般用"会议听取了""会议讨论了""会议审议了""批准、通过了""会议认为""会议强调"等习惯用语起头。若是审议工作报告，一般先对前段工作做出恰当的评价，并对今后工作的部署表明态度。

③ 对有关方面提出要求，发出号召。用"会议要求""会议希望""大会号召"等习惯用语起头。

（2）安排某项工作的决议

① 一般写明会议的基本情况，如会议的时间、参加会议的人员、列席会议人员、会议的中心议题等。

② 要根据上级文件精神和本单位实际情况，写明对工作的安排部署。要写明工作的指导思想、目标任务、措施要求等。内容复杂时，要明确分出层次并列出小标题，或者分条撰写。

③ 提出希望、号召。有时主体部分结束，全文也就自然结束了。

（3）通过重大决策事项的决议　党政机关、社会团体等对某些重大问题或重要事项经过会议讨论、表决后，用决议把议决事项写下来。这类决议的写作往往围绕中心，把主要内容分成若干问题（或用序号，或用序号加小标题）来写。如果是阐述原则问题，主体部分要有较多的议论，多采用夹叙夹议的写法，把道理说深说透。所以决议的写作也无固定模式，以完整准确地表达出会议主旨为标准。

1. 决议的题注怎么写？
2. 通过某重要文件的决议的正文一般包括哪些内容？

第二节　决　　定

情境导入

党政机关在日常工作管理上，经常发布一些有关重大事项的文件，其中包括决定，比如撤销某人职务，表彰先进等。

你知道决定适用哪些情况吗？基本格式是怎样的？

 实例阅读

【例文一】

中共××镇委关于给予
×××撤销党内职务处分的决定
×镇委〔××××〕×号

×××，男，汉族，××××年10月出生，××市××镇××村人，××××年7月入党，现任××村党支部副书记。

××××年～××××年，×××在担任村支部副书记兼村文书、出纳时，利用职务之便，采取重复开票的方法，私吞村集体款四笔，分别为5359.8元、3533.5元、180元、60元，共计9133.3元，其中第一笔5359.8元在村账镇管办查账前主动退还，其他三笔在村账镇管办查账后退还。

×××身为党员，利用职务便利，私吞公款，错误性质较为严重，经教育后，能主动认识错误，态度较为端正，能够主动退还公款。根据相关条例经镇党委研究，决定给予×××同志撤销党内职务处分。

本决定自发文之日起生效。

中共××镇委（印章）
××××年×月×日

【例文二】

××市人民政府
关于命名××市第四批生态村（社区）的决定
×政发〔2013〕5号

各县（市）、区人民政府，市政府各委办局，各国家级、省级开发（度假）园区，各直属机构：

根据《××市生态村申报与考核办法（试行）》，经乡级初审、县级考核、市级复核，并向社会公示，决定命名××区××街道××社区等

247个行政村（社区）为"××市生态村（社区）"。

希望被命名的生态村（社区）珍惜荣誉，总结创建经验，巩固建设成果，在农村环境保护工作中再接再厉，深入贯彻落实科学发展观，积极推进生态文明建设，为建设美好幸福新××做出更大贡献。

××市人民政府（印章）

2013年1月18日

【例文三】

中共××乡委员会关于表彰
××××年先进党支部和优秀共产党员的决定

×党发〔××××〕×号

各党支部：

　　为隆重纪念中国共产党建党九十四周年，总结表彰我乡党支部和共产党员在各项工作中取得的优异成绩和涌现出的先进典型，展示一年来党建工作取得的丰硕成果，经各支部认真推荐，乡党委决定表彰××村等先进党支部4个，×××等优秀共产党员61名。

　　这次表彰的先进党支部、优秀共产党员都是在工作中涌现出来的先锋模范、得到广大党员群众广泛拥护的集体和个人，为我乡各项事业的发展做出了较大的贡献，树立了新时期共产党人的良好形象，是我们全乡各党支部、广大党员和乡村干部学习的榜样。

　　乡党委要求全乡各党支部、全体共产党员以先进党支部和优秀共产党员为榜样，学习新《党章》，牢记全心全意为人民服务的宗旨，身体力行"三个代表"重要思想，进一步加强党的建设，始终保持先进性，增强党的凝聚力和战斗力，在创先争优活动中再创佳绩。同时，乡党委希望受到表彰的党支部和党员再接再厉，发扬优点，总结经验，戒骄戒躁，不断开拓进取，密切配合乡党委、政府的各项工作，在今后的工作中取得更大成绩。

附件：1. 区委表彰名单
　　　2. 乡党委表彰名单

中共××乡委员会

××××年×月×日

必备知识

一、决定的概念

决定是适用于对重要事项作出决策和部署、奖惩有关单位和人员、变更或者撤销下级机关不适当的决定事项的一种公文。

这里的重要事项，指那些带有全局性或具有重大意义和深远影响的事项。决定是各级党政机关普遍使用的一种具有领导性和规定性的下行公文，凡上级机关作出的决定作为公文下发，下级机关和人员必须认真贯彻执行。

二、决定的特点

1. 制约性

决定比较集中地体现发文机关对重要事项或重大行动的指挥和处置意图，要求下级机关无条件执行，决定的制约性和强制性虽然没有命令那么严格，但比其他公文都要强，有些决定还有法规作用，在某些方面，决定往往是法规的延伸和补充，具有较大的强制性和行政约束力。

2. 指导性

决定是对重要事项做出决策和部署，相比较而言具有较强的理论性和政策性，是指导下级机关开展工作的准则，因此对下级机关的工作有指挥性和指导性。

3. 稳定性

决定的稳定性主要表现在其内容上。某一问题，一经领导机关讨论商议做出决定，能在相当长的时期内发挥其效用，具有较强的稳定性。

三、决定的分类

按内容和作用的不同，决定可分为以下几类。

1. 法规性决定

制发机关可用决定修改、补充法规性文件，国家权力机关及其常设机关还可用决定直接发布有关法规。

2. 指挥性决定

这是用来部署重大工作的决定。它总是针对带有全局性的某一方面工作或某一类问题，统一思想认识，提出工作任务，确定工作方针，阐述基本原则，或是提出工作的方案、步骤、措施和要求。

3. 知照性决定

知照性决定是专指决定的事项不需要下级机关或有关人员去承办实施，而只需拥护或知晓。在写作上，它的篇幅相对较短，文字简约。

这类决定又可分为三种。

（1）奖惩决定　奖惩决定是用来表彰先进或者处理错误的正式决定。被表彰的对象必须事迹突出，具有典型性、代表性；被处理的对象则都是错误后果严重、影响较大的。

（2）变更或撤销决定　变更或撤销决定用于变更或撤销下级机关不适当的决定事项。一般上级人民代表大会可撤销下级人民代表大会和本级政府的不适当决定；上级政府可撤销、改变下级政府或本级政府工作部门的不适当决定。

（3）宣告事项的决定　这类决定主要是宣告一些重要的事项，如《昆明市人民政府关于命名昆明市第四批生态村（社区）的决定》（昆政发〔2013〕5号），是昆明市人民政府命名盘龙区茨坝街道花渔沟社区等247个行政村（社区）为"昆明市生态村（社区）"的决定，以此告知社会。

四、决定的写法

1. 标题

一般为完全式标题，即发文机关、事由和文种。如果决定是正式会议通过、批准的，一般在标题下方标注题注，格式为"（××××年×月×日××××××会议通过）"。如果有题注则不再有发文字号。

2. 正文

（1）法规性决定

① 修改有关法规性文件的决定，在内容上有三层。

a. 修改的依据。一般为"××××××会议决定对《×××××××》作如下修改"。

b. 修改的具体内容。这部分内容要按照条款分条列项地写，每一条款的修改都要写明是"删去""增加"还是"修改为"，以求明确清晰。

c. 结尾。结尾要写明生效施行的日期及其他说明，如"本决定自2013年1月1日起施行"。

② 直接发布有关法规的决定，内容如下。

a. 开头。制发决定的原因和目的，并常以"为……特作如下决定"的句式引出下层内容。

b. 主体。主体部分是写明有关法规的具体条款，条款要层次清楚，分条列项，语句准确严密。

c. 结尾。结尾可以是决定生效施行的时间或者对有关方面提出执行要求。

（2）指挥性决定

① 开头，简要说明作出决定的背景、根据、意义和目的。

② 主体，写决定的内容、事项。

③ 结尾，通常强调工作的重要性、艰巨性或各有关单位的相关责任，同时提出执行要求。

（3）奖惩性决定

① 奖励决定的正文写法。

a. 开头，表彰奖励的根据、目的。

b. 主体，表彰奖励的决定。

c. 结尾，希望、号召式尾语。

② 惩戒决定的正文写法。

a. 开头，惩戒处理的事实、根据及目的等。

b. 主体，处罚决定，要写明具体的处分、惩罚。

c. 结尾，生效时间或提出希望要求等。

（4）撤销或变更性决定

① 标题：发文机关＋事由（撤销……）＋决定。

② 正文：开头一般写撤销或变更某决定的缘由和依据，然后具体写明撤销或变更的什么决定。撤销的决定说明原决定无效；变更的决定说明哪部分变更，原决定对应部分宣布从什么时间起无效。

（5）宣告事项的决定　正文一般先写决定的理由、根据、目的，再写决定的事项，有时结尾提出希望、要求等。

五、决议与决定的异同

1. 决议、决定的相同点

① 都是具有鲜明权威性的下行公文，制发机关必须是领导机关或权力机关。

② 都带有决策性质，都要求下级贯彻执行，都具有规范和指导作用。

③ 都要求准确、严密、庄重有力。

④ 格式上都可有题注（即附加括号式标题），正文前没有主送机关。

2. 决议、决定的不同点

（1）内容上的区别　决定所写的内容一般是政府、机关、社会团体工作中遇到的重要具体事项，或采取的具体实施措施，它的处置性和目的性很强，如《国务院关于企业职工养老保险制度改革的决定》；决议是会议对重要问题做出的原则性、纲领性、指导性的意见和要求，内容更原则，更带宏观性、战略性、全面性。

（2）程序上的差别　决议必须经过法定会议集体讨论，获得法定的多数通过后方能有效；决定既可由领导机关直接发布，也可提交到会议上讨论通过后发布。

（3）格式上的区别　决议的标题中"发文机关名称"，可以是发文机关名称，但更多的是产生这一决议的会议全称；在标题下，一定要注明什么时间什么会议通过的字样。决定的标题一般是发文机关名称；发布的时间可写在标题下（注明某年某月某日通过），也可落在正文之后。

思考题

1. 决定有哪些分类？
2. 修改法规性文件的决定，其正文一般包括哪些内容？
3. 决议与决定有哪些异同点？

第三节　命令（令）

情境导入

近几年校车事故频发，校车安全问题再次引起社会各界的高度关注。特别是在农村，"黑校车"泛滥，各种校车超载现象非常严重，给孩子的安全埋下了巨大隐患。

2012年4月5日，《校车安全管理条例》通过《中华人民共和国国务院令》（第617号）公布施行。

你了解命令这种公文吗？命令适用哪些情况？

实例阅读

【例文一】

中华人民共和国国务院令
第 617 号

《校车安全管理条例》已经 2012 年 3 月 28 日国务院第 197 次常务会议通过，现予公布，自公布之日起施行。

总理　温家宝
2012 年 4 月 5 日

校车安全管理条例（略）

【例文二】

中华人民共和国主席令
第一号

根据中华人民共和国第十二届全国人民代表大会第一次会议的决定，任命李克强为中华人民共和国国务院总理。

中华人民共和国主席　习近平
2013 年 3 月 15 日

必备知识

一、命令（令）的概念

命令（令）是适用于公布行政法规和规章、宣布施行重大强制性措施、批准授予和晋升衔级、嘉奖有关单位和人员的一种公文。

《中华人民共和国宪法》和《中华人民共和国全国人民代表大会和地方各级人民代表大会代表法》规定：全国人民代表大会常务委员会委员长、中华人民共和国主席、国务院总理、国务院各部部长、各委员会主任可以发布命令。在处理紧急重大事务时，如抢险救灾，地方县以上行政领导机关也可以偶尔使用这一文种。因此，使用命令（令）必须严肃审慎，不能滥用。

二、命令（令）的分类

根据不同的作用来分，命令（令）主要分为以下四类。

1. 公布令

公布令是依照有关法律规定，公布行政法规和规章的命令（令）。

发布国家法律，由国家主席签署"主席令"；国务院发布行政法规，由总理签署"国务院令"。经国务院批准，国务院各部委发布行政法规，由部委最高行政领导人签署公布令。

2. 行政令

行政令是用来发布重大强制性行政措施时使用的命令（令）。

3. 任免令

任免令是用来宣布重要人事任免决定的命令（令），如 2013 年 3 月 15 日的《中华人民共和国主席令》，是习近平主席根据中华人民共和国第十二届全国人民代表大会第一次会议的决定，任命李克强为中华人民共和国国务院总理的命令。

4. 嘉奖令

嘉奖令是对建有卓越功勋或作出杰出贡献的人员或单位、集体进行嘉奖的命令（令），一般会授予荣誉称号，如 2011 年 11 月 16 日公安部发布的《关于表彰"清网行动"成绩突出集体和个人的命令》。

此外，还有惩戒令、特赦令、戒严令等。

三、命令（令）的特点

命令（令）主要有三个特点。

1. 具有特定的作者

《中华人民共和国宪法》规定，只有中华人民共和国主席、国务院总理、国务院各部部长和各委员会主任、地方县级以上人民政府首脑才能发布命令（令），其他任何单位和个人均不得发布命令。

2. 具有强制性

命令（令）的内容都是以法律为依据，有的还是为颁布和执行法律和法规而发布，因此受令者必须无条件服从，做到令行禁止；违令则违法，"违法必究"。因此具有不可动摇的强制性。

3. 具有庄严性

使用命令要审慎，不能随意制发，必须用于特别重大的事由；撰写命令要庄重，语言要准确、规范，语气坚定有力，而且不能朝令夕改；执行命令要认真，不打折扣不走样。

四、命令（令）的格式与写法

命令一般由标题、发文字号或令号、正文和落款组成。

1. 标题

命令的标题主要有两种形式。

（1）发文机关＋文种　不写公文事由。如《中华人民共和国主席令》《中华人民共和国国务院令》。公布令多用此类标题。国家主席和国务院总理发布的任免令也多使用这类式标题。

（2）完全式标题　即发文机关、事由、文种三要素齐备。如《国务院关于在我国统一实行法定计量单位的命令》。这种标题多用于行政令、嘉奖令。国家部门或省级政府等的任免令也用完全式标题。

2. 发文字号或令号

公布令要写明令号，即发文机关所发命令（令）的顺序号。令号是签署命令的领导人在任职期内所发命令（令）的顺序号（如：第××号），而不是以年度为单位编号。令号位于标题下正中位置。行政令、嘉奖令一般标明发文字号。任免令根据情况不同，一部分写发文字号，一部分写令号。

3. 正文

（1）公布令　写法简单，篇幅极短，只需写明什么法规或规章经过什么会议通过、现予发布、自何时施行即可。

（2）任免令　写法也很简单，一般写明根据什么决定，任命谁什么职务或免去谁什么职务即可。

（3）行政令、嘉奖令　篇幅较长，写法相对来说难度要大些。

行政令的正文一般由缘由、措施和执行要求三部分组成。

① 缘由：写明由于什么原因发布这项命令，目的在于引起受令者的高度重视，增强执行命令的自觉性。命令缘由要求写得充分、明了、切实、言简意赅，给人以紧迫感。

② 措施：措施是要求下级采取的办法、贯彻的精神等。这一部分内容多可以分条列项，内容少也可以一段到底，视内容需要而定。但是，要写得简明、利落，使人一目了然、迅速理解，以便于执行。

③ 执行要求：执行要求是对措施的补充、对受令对象的嘱咐，要与前面两部分紧密相连，是前面部分的自然延伸。

嘉奖令正文一般写嘉奖对象的杰出成就、贡献、嘉奖的目的、决定、发号召、提要求等。

4. 落款

落款要写明发文机关和发文时间。发文机关一般写出发文机关名称或签署命令（令）的领导人的职务和姓名。

五、命令（令）的写作注意事项

① 命令（令）是具有最高权威性和强制力的文种，必须严格按照法定权限制发文件，不能越权行文。

② 命令（令）所针对的事项必须是重要问题或重大事件，一旦发布，就要求不折不扣地执行，没有商量的余地。因此，撰写命令（令）时，要斟酌是否确需发布命令（令），防止小题大做，更不能随意发号施令。

③ 正文的写作，要求表意必须十分准确，切忌模棱两可；语言庄重严肃，简洁精炼；语气斩钉截铁，坚决肯定；正确运用禁令语言。令行与禁止相辅相成，前者规定应该做什么和怎样做，后者规定不准做什么和不准怎样做。

④ 命令（令）属于公开发布的公文，要避免无意中泄露国家机密事项。

⑤ 要明确规定命令（令）的生效施行日期，确保行文时效。

思考题

1. 命令（令）有哪些分类？
2. 行政令的正文一般包括哪些内容？

第四节 公　　报

情境导入

我国每年召开中央农村工作会议，这充分说明农村工作的重要性，说明国家对农村工作的重视。中央农村工作会议情况往往以公报形式发布。你知道什么是公报吗？公报适用哪些情况？

> 实例阅读

【例文】
2013年中央农村工作会议公报
(2013年12月24日中央农村工作会议通过)

中央农村工作会议12月23日至24日在北京举行。会议深入贯彻党的十八大和十八届三中全会精神,全面分析"三农"工作面临的形势和任务,研究全面深化农村改革、加快农业现代化步伐的重要政策,部署2014年和今后一个时期的农业农村工作。

中共中央总书记、国家主席、中央军委主席习近平,中共中央政治局常委、国务院总理李克强,中共中央政治局常委、全国人大常委会委员长张德江,中共中央政治局常委、全国政协主席俞正声,中共中央政治局常委刘云山,中共中央政治局常委、中央纪委书记王岐山,中共中央政治局常委、国务院副总理张高丽出席会议。

习近平在会上发表重要讲话,从我国经济社会长远发展大局出发,高屋建瓴、深刻精辟阐述了推进农村改革发展若干具有方向性和战略性的重大问题,同时提出明确要求。李克强在讲话中深入分析了农业和农村工作形势,并就依靠改革创新推进农业现代化、更好履行政府"三农"工作职责等重点任务作出具体部署。

会议指出,这次中央农村工作会议,是党的十八届三中全会之后,中央召开的又一次重要会议。进入新世纪以来,中央出台的"三农"政策行之有效、深得民心,有效调动了农民积极性,有力推动了农业农村发展。我国改革是从农村起步的,农村改革发展的伟大实践,为实现人民生活从温饱不足到总体小康的历史性跨越、推进社会主义现代化作出了重大贡献,为战胜各种困难和风险、保持社会大局稳定奠定了坚实基础。

会议强调,小康不小康,关键看老乡。一定要看到,农业还是"四化同步"的短腿,农村还是全面建成小康社会的短板。中国要强,农业必须强;中国要美,农村必须美;中国要富,农民必须富。农业基础稳固,农村和谐稳定,农民安居乐业,整个大局就有保障,各项工作都会比较主动。我们必须坚持把解决好"三农"问题作为全党工作重中之重,坚持工业反哺农业、城市支持农村和多予少取放活方针,不断加大强农惠农富农政策力度,始终把"三农"工作牢牢抓住、紧紧抓好。

关于确保我国粮食安全,会议指出,我国是个人口众多的大国,解决好吃饭问题始终是治国理政的头等大事。要坚持以我为主、立足国内、确保产能、适度进口、科技支撑的国家粮食安全战略。中国人的饭碗任何时候都要牢牢端在自己手上。我们的饭碗应该主要装中国粮,一个国家只有立足粮食基本自给,才能掌握粮食安全主动权,进而才能掌控经济社会发展这个大局。要进一步明确粮食安全的工作重点,合理配置资源,集中力量首先把最基本最重要的保住,确保谷物基本自给、口粮绝对安全。耕地红线要严防死守,18亿亩耕地红线仍然必须坚守,同时现有耕地面积必须保持基本稳定。调动和保护好"两个积极性",要让农民种粮有利可图、让主产区抓粮有积极性,要探索形成农业补贴同粮食生产挂钩机制,让多生产粮食者多得补贴,把有限资金真正用在刀刃上。搞好粮食储备调节,调动市场主体收储粮食的积极性,有效利用社会仓储设施进行储粮。中央和地方要共同负责,中央承担首要责任,各级地方政府要树立大局意识,增加粮食生产投入,自觉承担维护国家粮食安全责任。善于用好两个市场、两种资源,适当增加进口和加快农业走出去步伐,把握好进口规模和节奏。高度重视节约粮食,节约粮食要从娃娃抓起,从餐桌抓起,让节约粮食在全社会蔚然成风。

……………

会议强调,党管农村工作是我们的传统。各级党委要加强对"三农"工作的领导,各级领导干部都要重视"三农"工作,多到农村去走一走、多到农民家里去看一看,真正了解农民诉求和期盼,真心实意帮助农民解决生产生活中的实际问题。各级领导干部特别是以农业为主产业的市县乡镇干部,要熟悉农业、了解农业,要懂农作物的种类和品质、节气、农业科技等方面的基本知识。

会议要求,全党全国各族人民要紧密团结在以习近平同志为总书记的党中央周围,团结一心、扎实工作,改革创新、攻坚克难,认真落实这次会议的各项部署,奋力开辟农业和农村工作的崭新局面。

会议讨论了《中共中央、国务院关于全面深化农村改革加快推进农业现代化的若干意见(讨论稿)》。

中共中央政治局委员、国务院副总理汪洋在24日下午的全体会议上作了总结讲话。

部分中共中央政治局委员、中央书记处书记、国务委员等出席会议。

参加这次会议的有中央农村工作领导小组成员,各省、自治区、直辖市及计划单列市党委和政府分管农业和农村工作的负责同志,新疆生产建设兵团负责同志,中央和国家机关及军队有关单位负责同志等。

必备知识

一、公报的概念

公报，也称新闻公报，是一种适用于公布重要决定或者重大事项的报道性公文。它是党政机关经常使用的重要文种，也是应用写作的重要文体之一。

二、公报的分类

根据公报发布的内容，公报大致可以分为三类。

1. 会议公报

会议公报是用以报道重要会议或会谈的情况或决定的公报。

2. 事项公报

事项公报是党政机关用以发布重大情况、重要事件、重大决策、重要事项、重大措施或重要文件时使用的公文，如《中华人民共和国国务院公报》。

《中华人民共和国国务院公报》集中、准确地刊载：国务院公布的行政法规和决定、命令等文件；国务院批准的有关机构调整、行政区划变动和人事任免的决定；国务院各部门公布的重要规章和文件；国务院领导同志批准登载的其他重要文件。

3. 联合公报

联合公报是一种特殊用途的公报，是指两个或两个以上的国家、政府、政党或其代表就有关重大国际问题，事件的会谈进展、经过、达成的协议等所发表的正式文件，是用以表明双方或多方对同一问题的共同看法的报道，或是经过谈判达成的具有承担权利和义务的协议文书。

三、公报的特点

1. 权威性

公报的发布机关级别一般比较高，以国家的名义，或以较高级别的各级政府的名义。公报所涉及的是公众或国内外普遍关心和瞩目的重大事件或重要决定。

2. 公开性

公报是公之于众的文件，无需保密，一般没有主送机关、抄送机关，而是普告天下，一体周知。

3. 新闻性

公报的内容都是新近发生的事件或新近作出的决定，属于公众关心、应知而未知的事项，要求制作和发布迅速、及时，因此又具有新闻性特点。

四、公报的写法

不同的公报写法不同。

1. 会议公报

（1）标题　一般由会议名称和文种组成。

（2）题注　题注是会议通过的日期。

（3）正文　正文部分主要是会议情况，内容较多时，分条列项来写。

① 开头，交代会议召开的时间、地点、出席、列席会议的人员和人数，会议的主持单位、发表讲话的人。

② 主体，主要是会议的主要内容，"会议听取、讨论了什么""会议审议通过了什么""会议指出什么""会议提出什么""会议强调什么"等。

③ 结尾，一般发出号召，提出希望等。

2. 事项公报

如政府公报，结构写法比较简单。

（1）标题　如"×××政府公报"。

（2）题注　如"××××年×月×日　第×号（期）"。

（3）目录　一定时段内，政府工作的相关重要文件。

（4）内容　各个文件的具体内容。

3. 联合公报

（1）标题　一般由双方或多方、事由和"公报"组成。

（2）题注　在小括号内注明发布公报的时间。

（3）正文　主要是公报双方或多方达成的具体协议。

思考题

1. 请阐述会议公报的一般写法。
2. 政府公报的格式要素怎么安排？

第五节 公 告

📖 情境导入

××××年×月×日，滨湖村开始举行三年一次的村委会换届选举工作，×月×日选举工作结束，陈××任村党支部书记，李××任村委会主任，选举结果以公告形式发布。

你了解公告吗？公告适用哪些情况？

📖 实例阅读

【例文】

××村第×届村民选举委员会公告

第×号

依照《村委会组织法》有关规定，我村第×届村民委员会选举大会于××××年×月×日召开。登记参加选举的村民×××名，参加选举投票×××名。共收回选票×××张，其中有效票×××张，无效票××张，弃权票××张，废票××张。经依法选举，下列人员当选为本村第×届村委会成员：

主　任　×××
副主任　×××
委　员　×××　×××　×××

特此公告

××村第×届村民选举委员会（章）
××××年×月×日

📖 必备知识

一、公告的概念

公告是国家机关向国内外宣布重要事项或者法定事项所使用的一种

公文。

二、公告的特点

公告的特点主要有两点。

1. 郑重性

公告是由国家机关向国内外宣布重要事项或法定事项，一般企事业单位不得随便使用，行文十分郑重。

2. 公开性

公告面向国内外，无阅读范围限制，更无密级，是公开性最强的公文。

三、公告的分类

公告按其内容可分为两类。

1. 宣布重大事项的公告

这类公告可以公布国家领导人的选举结果或重要活动，人造卫星、洲际导弹发射试验、国家大型纪念或庆典活动、有历史意义的重要文献、国家机关部门发布一些重要事项等。如《中华人民共和国全国人民代表大会公告》（第二号），宣告了第十二届全国人民代表大会第一次会议于2013年3月14日选举习近平为中华人民共和国主席、李源潮为中华人民共和国副主席这一重要事项。

2. 宣布重要法定事项的公告

这类公告如《中华人民共和国国家安全部公告》。

四、公告的格式与写法

公告一般由标题、正文、落款构成。公告与通告一样没有主送机关。

1. 标题

公告的标题有两种形式。

（1）完全式标题　完全标题由发文机关、事由和文种组成，如《中国人民银行关于国家货币出入境限额的公告》。

（2）非完全式标题　非完全标题由发文机关和文种组成，如《中华人民共和国国家安全部公告》。

2. 正文

正文一般由发文缘由、公告事项和结语构成。

① 发文缘由要简要写明事项的法律依据或原因等。

② 公告事项要具体，内容稍多可分条列项。

③ 结语通常使用"特此公告"。

3. 落款

发文机关署名和成文日期与一般公文同。

五、公告的写作要求

① 公告必须行文庄重，内涵清晰，文字简短。

② 要注意防止滥用公告。级别不够或未经授权的单位不能乱发公告；可以用通知、启事等行文的，不能乱用公告行文。

思考题

1. 公告标题的写作形式有哪几种？
2. 公告正文一般包括哪些内容？

第六节 通 告

情境导入

根据第四次全国殡葬工作会议精神，认真落实国家民政部和省民政厅关于做好2015年清明节工作有关要求，全面做好清明节祭扫服务和安全保障工作，积极推进和深化殡葬改革，确保清明节祭扫活动安全、文明、和谐、有序，根据国家相关法律、法规，××乡人民政府就清明节安全文明祭扫有关事项给全乡各级单位和农村下发了一则通告。

这则通告怎么拟制？通告、通知、公告有什么区别？

实例阅读

【例文】

关于农村居民超过60周岁
补办参保手续问题的通告
××字〔2012〕×号

根据《××省人力资源和社会保障厅关于新型农村社会养老保险推进过程中若干问题的处理意见》(×人社〔2011〕241号)文件精神，2010年9月30日我市新农保制度实施时未满60周岁的农村居民没有及时参保缴费，现已超过60周岁，允许补办参保登记手续，补缴保费（补缴年限最长不超过15年，但不享受政府缴费补贴），其新农保待遇从补办完领取手续的下月起计发。该规定自当地新农保制度实施起两年内有效（2010年10月1日至2012年9月30日），从2012年10月1日起年满60周岁仍未办理参保缴费登记的农村居民，不得再补办参保登记，不能享受新农保待遇。

××市新农保办
(××市劳动和社会保障局代章)
2012年4月17日

必备知识

一、通告的概念

通告是适用于在一定范围内公布应当遵守或者周知的事项的公文。

二、通告的特点

通告的特点主要有以下两点。

1. 使用的普遍性

通告的使用范围广泛，除各级政府及其部门可使用外，各企事业单位、社会团体等都可使用。

2. 内容的广泛性

通告的内容可以是国家的法令、法规、政策，也可以是社会生活中的具体事务，涉及面很广。

三、通告的分类

通告按其内容可分为两大类。

1. 法规、政策类通告

在一定范围内公布政府的法规、政策,要求下级和群众遵守、执行,如《××市人民政府关于严禁违法建设商品交易市场的通告》。

2. 具体事务类通告

在一定范围内公布需要周知或办理的事项,如《中共××市委组织部关于拟提拔任用市管领导干部任前公示的通告》。

四、通告的格式与写法

通告的正文一般由缘由、事项、结尾与结语四部分构成。特别说明的是,通告一般没有主送机关。

1. 缘由

这一部分主要阐明发布通告的依据、目的、原因或意义。此后用"特此通告如下"等过渡语引出通告事项。

2. 事项

这部分是通告的主体,要条理清楚、交代明白,可一气呵成,也可分条列项。

3. 结尾

有的提出执行要求,有的发出号召,有的表示希望,有的说明生效时间,有的以通告的最后一条自然收尾。

4. 结语

结语一般为"特此通告",也可不写。

五、通告与公告的区别

1. 发文内容不同

公告旨在郑重宣布重要事项和法定事项;通告则是公布应当遵守或周知的事项,而且业务性强。通告的使用频率也比公告高。

2. 行文范围不同

公告的告晓对象最为广泛,即国内外;通告的告知范围限在一定范围内,即社会的有关方面。

3. 制发单位级别不同

公告的发文机关级别高,一般由国家一级机关发布;通告的发文机关级别较低，党政机关、部门、社会团体、企事业单位都可以使用通告。一般来说，行止性通告、办理性通告，多由政府机关发布，知照性通告任何企事业单位均可发布。

4. 发布方式不同

公告多用登报、广播的方式发布；通告可用文件形式印发，也可登报、广播或张贴。

六、通告的写作要求

① 不要把"通告"写成"通知"。
② 发文目的要明确。
③ 通告事项要符合政策规定。
④ 通告语言要通俗简洁。通告多用张贴和登报的方式发布。要注重语言的通俗和简洁，简单明了，篇幅更不宜过长，以利张贴和阅读。

思考题

1. 通告有哪些特点？
2. 通告一般怎么写？

第七节　意　见

情境导入

据法制网北京7月10日讯，促进乡村旅游健康发展意见将出台。

在国家旅游局7月10日召开的新闻发布会上，国家旅游局副局长吴文学、国务院扶贫办副主任洪天云共同宣布，"十三五"时期，全国通过发展旅游将带动17%的贫困人口实现脱贫。预计2015年到2020年，全国通过发展旅游将带动约1200万贫困人口脱贫。国家旅游局将推动出台促进乡村旅游持续健康发展的若干意见；开展乡村旅游"千千万万"品牌推介活动；会同有关部门加大投入力度，加快解决乡村旅游环境卫生和公共服务严重滞后问题；开展百村万人乡村旅游创客行动；通过开展旅游规划公益扶贫行动和乡村旅游村官培训等，大力推进旅游扶贫开发。

以上新闻中提到的"意见"一经发布就是公务文书,"意见"适用哪些情况呢?

实例阅读

【例文】

关于农村集体土地确权登记发证的若干意见

国土资发〔2011〕178号

各省、自治区、直辖市及副省级城市国土资源主管部门、农办(农工部、农委、农工委、农牧办)、财政厅(局)、农业(农牧、农村经济)厅(局、委、办),新疆生产建设兵团国土资源局、财务局、农业局,解放军土地管理局:

为切实落实《中共中央国务院关于加大统筹城乡发展力度进一步夯实农业农村发展基础的若干意见》(中发〔2010〕1号),国土资源部、财政部、农业部联合下发了《关于加快推进农村集体土地确权登记发证工作的通知》(国土资发〔2011〕60号),进一步规范和加快推进农村集体土地确权登记发证工作,现提出以下意见:

一、明确农村集体土地确权登记发证的范围

农村集体土地确权登记发证是对农村集体土地所有权和集体土地使用权等土地权利的确权登记发证。农村集体土地使用权包括宅基地使用权、集体建设用地使用权等。农村集体土地所有权确权登记发证要覆盖到全部农村范围内的集体土地,包括属于农民集体所有的建设用地、农用地和未利用地,不得遗漏。

二、依法依规开展农村集体土地确权登记发证工作

按照《中华人民共和国物权法》、《中华人民共和国土地管理法》、《土地登记办法》、《土地权属争议调查处理办法》、《确定土地所有权和使用权的若干规定》等有关法律政策文件以及地方性法规、规章的规定,本着尊重历史、注重现实、有利生产生活、促进社会和谐稳定的原则,在全国土地调查成果以及年度土地利用变更调查成果基础上,依法有序开展确权登记发证工作。

农村集体土地确权登记依据的文件资料包括:人民政府或者有关行政主管部门的批准文件、处理决定;县级以上人民政府国土资源行政主管部门的调解书;人民法院生效的判决、裁定或者调解书;当事人之间依法达成的协议;履行指界程序形成的地籍调查表、土地权属界线协议书等地籍调查成果;法律、法规等规定的其他文件等。

············

十二、规范完善已有土地登记资料

严格按照有关法律、法规和政策规定，全面核查整理和完善已有土地登记资料。凡是已经登记发证的宗地缺失资料以及不规范的，尽快补正完善；对于发现登记错误的，及时予以更正。各地要做好农村集体土地登记资料的收集整理工作，保证登记资料的全面、完整和规范。各地要进一步建立健全有关制度和标准，统一规范管理土地登记资料。

十三、推进农村集体土地登记信息化

要参照《城镇地籍数据库标准》等技术标准，积极推进农村集体土地登记数据库建设，进一步完善地籍信息系统。在此基础上，稳步推进全国土地登记信息动态监管查询系统建设，提升土地监管能力和社会化服务水平，为参与宏观调控提供支撑，有效发挥土地登记成果资料服务经济社会发展的积极作用。

各省（区、市）可根据当地实际情况，细化制定农村集体土地确权登记的具体工作程序和政策。

国土资源部（章）　　　　　　中央农村工作领导小组办公室（章）

财政部（章）　　　　　　　　　　　　　　　　农业部（章）

2011年×月×日

必备知识

一、意见的概念

意见是适用于对重要问题提出见解和处理办法的一种公文。意见可作上行文，也可作下行文、平行文。

二、意见的特点

1. 行文方向的多向性

意见既可由上级机关对下级机关提出指导性、规定性意见，还可用于下级机关对上级机关提出建设性的意见，也可用于平级机关之间相互行文。

2. 内容的针对性

意见往往就工作中急需解决的问题或必须克服的倾向而制发，所以它提出的问题要及时，分析问题要结合实际，提出的见解、办法要对症下药，有的放矢。

3. 作用的多样性

意见的适用范围比较广泛，既有报请性，又有指挥性，还可用于平级机关或不相隶属的机关之间给对方提供建设性的参考意见。意见作为上行文时，类似于请示，可向上级机关汇报提出对某个重要问题的见解和处理意见，如果上级机关认可，则可以批复给下级机关贯彻执行，但只限于对重要问题提出见解和处理办法。意见作为下行文，可对下级机关布置工作，明确处理问题的办法，具有操作性。

三、意见的分类

按照意见的内容与性质，意见可以分为四类。

1. 建议性意见

下级机关就其业务范围之内的某一问题，向上级机关提出建议性意见，供上级机关参考，作为上级机关制定相关政策的依据。如《教育部、卫生部关于加强学校卫生防疫与食品卫生安全工作的意见》（××××年×月×日）。

2. 指导性意见

上级机关针对下级工作所出现的问题，阐明基本原则，提出解决办法和执行要求，对下级机关的工作给予具体指导。如《××省人民政府关于进一步深化省以下财政体制改革的意见》（×政发〔××××〕×号）。

3. 实施性意见

一般是为贯彻落实某一重要决定或中心工作所制定的实施方案，它重在阐发上级的有关精神，使下级单位对上级的文件精神有更深入的理解，同时提出较为具体的行动方案和工作安排。实施性意见属下行文。如《教育部关于在中小学幼儿园广泛深入开展节约教育的意见》（教基一〔××××〕×号）。

4. 参考性意见

平行机关或不相隶属机关之间就某些工作提出的供对方参考的建设性的见解或可行性方案。如《关于进行联合办学的意见》（×职院函〔××××〕×号）。

四、意见的写法

1. 标题

意见的标题常见写法是由发文机关、事由和文种组成,如《教育部关于在中小学幼儿园广泛深入开展节约教育的意见》。

2. 发文字号

直接发布的意见,其发文字号为一般公文的发文字号。

3. 主送机关

分为两种情况:需要转发的意见,没有主送机关这一项,但转发该意见的通知,要把主送机关写清楚。直接发布的意见,要有主送机关,主送机关的编排方法和一般公文相同。

4. 意见的正文

(1)开头　概述发文缘由,说明发文依据,包括发布意见的背景、根据、目的、意义等,回答"为什么提意见"。最后以"现提出以下意见""特制定本实施意见"等过渡性语句转入下文。

(2)主体　这是意见的核心部分,主要是对有关问题或工作提出见解或处理办法。内容较单纯集中的,主体部分直接写见解即可;内容繁多的,涉及重要问题或全局性工作的,既要提出总的、原则的要求,还要指出具体可行的实际操作办法,并常采用条款式写法。

(3)结尾

① 对于下行意见,一般写清意见提出者的要求、希望即可,如"以上意见,望各单位结合本部门的实际情况,制定相应措施,认真贯彻执行""请认真贯彻落实"等。

② 对于上行意见,呈报性建议意见可用"以上意见供领导决策参考""以上意见供参考"作结。

③ 呈转性建议意见均用"以上意见如无不妥,请批转×××执行"之类语句作结。

④ 也可以自然收尾,不加结束语。

5. 落款

可在正文右下方署上成文时间,并加盖发文机关印章。

五、意见写作的注意事项

① 必须具有明确的政策依据与法规依据。

② 应从实际出发。

③ 意见的内容应明确具体,即工作目标明确,政策界限清楚,措施

办法具体。

④ 意见最重要的是讲究建设性与可行性。

思考题

1. 意见分为哪几类？
2. 意见的正文一般应怎么来写？

第八节 通　知

情境导入

××××年10月12日，滨湖村接到了县政府办公室的通知。通知要求全县农村基层干部（村委会主任和村支部书记）于××××年10月16日到县政府办公大楼会议大厅召开为期两天的农村基层干部工作会议。10月16日，村委会主任李××和村党支部书记陈××参加了这次重要的会议。

你一定非常熟悉通知，怎么拟制通知？

实例阅读

【例文一】

关于召开××××年全县三级干部会议的通知
×××发〔××××〕×号

各乡镇党委、人民政府，县直各单位：

为认真贯彻中央、省、市有关会议精神，总结全县××××年度工作，表彰先进，研究部署××××年度工作，县委、县政府决定召开全县三级干部会议。现将有关事项通知如下：

一、会议时间

2月28日（正月初十）上午9:00

二、会议地点

××大酒店综合大会堂

三、与会人员

县委、县人大、县政府、县政协、县纪委、县人武部全体负责同志；

县委县政府督查组正、副组长；各开发区主要负责同志；各乡镇党委书记、乡（镇）长，第六批选派到村任职的第一书记（驻村扶贫工作队队长），各村（社居委）党组织书记；县直各单位党政主要负责人；列入市××××年度考核的工业企业法定代表人；××××年度各类先进个人。各乡镇计生办主任列席会议，会议邀请县党代表、县人大代表、县政协委员各5名列席会议。

四、报到地点及食宿安排

各乡镇参会人员、不在城关的规模企业负责人于2月27日（农历正月初九）14:30～17:30，到××大酒店报到食宿。列席会议的各乡镇计生办主任由县计生委安排食宿。县直参会人员不安排食宿，请于2月28日上午8:40前直接到会场报到参会。

五、其他有关事项

（一）参会县干由其所在单位办公室负责通知；各村（社居委）党组织书记、乡镇计生办主任、选派干部（驻村扶贫工作队队长），由各乡镇负责通知；企业参会人员由县经信委负责通知；各类先进个人由县人社局负责通知；应邀参会的县党代表、县人大代表、县政协委员分别由县委组织部、县人大办、县政协办负责组织安排。

（二）严格执行中共××县委办公室、××县人民政府办公室《关于严肃纪律转变作风有关事项的通知》，各参会人员因特殊情况无法参会的应向县委办公室主任、县政府办公室主任请假，同时书面报县委督查室、县政府督查室备案。没有书面请假手续，无故缺席会议的，将按《通知》要求进行通报批评。

（三）请县人社局通知受表彰的各类先进单位代表和先进个人于2月27日下午17:00到××大酒店综合大会堂，安排授奖有关事宜。

（四）请各乡镇安排人员，于2月27日下午到××大酒店报到处，统一领取本乡镇不脱产参会人员车费和误工补助。

（五）请县效能办安排人员做好会风会纪的监督。

（六）请县广电中心、××周刊社、县政务信息中心、××网派员做好会议宣传报道工作。

（七）各乡镇要做好本乡镇参会人员组织安排工作，确保安全有序准时参会。

中共××县委办公室（章）　　　　××县人民政府办公室（章）

××××年2月26日

【例文二】

中共中央办公厅　国务院办公厅
关于印发《党政机关公文处理工作条例》的通知
中办发〔2012〕14号

各省、自治区、直辖市党委和人民政府，中央和国家机关各部委，解放军各总部、各大单位，各人民团体：

《党政机关公文处理工作条例》已经党中央、国务院同意，现印发给你们，请遵照执行。

中共中央办公厅
国务院办公厅
2012年4月16日

（此件发至县团级）

党政机关公文处理工作条例（略）

一、通知的概念

通知适用于发布行政法规和规章，传达要求下级机关执行和有关单位周知或者执行的事项，批转下级机关公文，转发上级机关、同级机关和不相隶属机关的公文，任免和聘用干部等。

二、通知的适用情况

通知是使用频率最高、适用范围最广的一种公文。

通知适用情况主要有以下几种。

① 适用于发布规章，批转、转发公文，具有"运载功能"。

② 适用于布置工作、传达要求下级办理和执行的事项，具有"指挥功能"。

③ 适用于任免和聘用干部等，具有"凭信功能"。

④ 适用于告知一些需要周知而不需要执行的事项，具有"告知功能"。

三、通知的种类

1. 颁转性通知

颁转性通知包括"批转""转发""印发"文件。颁转性通知都带有附件，而且附件的作用往往比通知本身更重要。

2. 指示性通知

指示性通知是指上级向下级布置某项工作、下达任务、做出规定，提出开展工作的具体要求所使用的通知。这类通知具有较强的指令性和约束力。

3. 规定性通知

规定性通知是指针对某项工作的政策性规定或针对某项工作的做法作规定的通知。

4. 知照性通知

知照性通知是指上级向下级或不相隶属的机关告知某些仅需知道而不需要直接执行或办理的事项的通知。如任免和聘用干部，成立、调整或撤销机构，启用或作废印章等。

5. 会议通知

会议通知是召开会议前，告知有关单位或人员出席会议所使用的通知。

四、通知的写法

1. 标题

标题由发文机关名称、事由、公文种类三部分组成，并根据内容的不同，在标题中加一些特殊字样。如果是颁转性通知，根据具体情况标题事由中要写明"颁发""发布""公布""批转""转发"或"印发"等字样。如果是两个或两个以上单位联合发布的，可以在"通知"之前加上"联合"的字样。如果通知的事项很急迫或很重要，可以在"通知"前加上"紧急"或"重要"的字样。如果是对前不久发出的通知进行补充说明的，可加"补充"的字样。如果是预先告知，以后还要正式发文详细说明的，可加"预备"字样。

通知的标题要特别注意简练，尤其是多层转发文件，应避免连用两个"关于"和几个"通知"，以免累赘拗口。

2. 正文

通知的正文一般由缘由、事项、结尾三部分组成。

（1）通知缘由　一般说明制发通知的原因、目的、依据等。

颁转性通知要简要说明被颁转文件的由来。指示性通知，可简要分析形势，指出以往工作中取得的成绩和仍然存在的问题，说明所布置工作的重要性。规定性通知，往往从解决问题或从贯彻落实上级的指示精神入手，说明制发通知的目的。知照性通知，一般说明制发通知的目的、依据或直接进入主体部分。会议通知，通常直接说明为什么召开会议。

（2）通知事项　这部分要详细说明通知的具体内容。

颁转性通知，一般写"现将××（单位）××（文件）转发给你们，请认真贯彻执行"；有的需要加批示性意见。指示性通知，要具体说明所布置的任务，阐明开展工作的指导思想和内容、范围、要求、原则、方法、步骤以及注意事项等。规定性通知，要把规定的政策、法规和意见表达清楚。知照性通知，说明需要周知的事项。会议通知，要详细说明会议名称、主办单位、会议时间、会议地点、会议主要内容、与会人员的条件和人数、参加会议的准备工作（如需要发言、送交的材料和物品等）以及其他有必要说明的事项（如食宿费用、联系方式、会后活动等）。

（3）结尾　通知的结尾要根据具体情况而定。需要提出希望和要求的，可以用"以上各项请认真贯彻落实""请即遵照执行""以上请转知所属执行""请（即请、希望）依照（遵照、参照、比照）执行""请将贯彻落实情况报告我局（部、处）"等。不提出希望要求的，可用"特此通知"。有些通知，希望和要求已经在通知事项中说清楚了，可不再单独使用固定用语。

1. 通知有哪些不同的种类？
2. 颁转性通知的标题应注意哪些问题？
3. 不同类型通知的"通知事项"部分怎么写？

第九节　通　报

情境导入

中共××省纪委通报

〔2014〕第 7 期

关于违规操办"升学宴""谢师宴"等
婚丧喜庆事宜问题的通报

近段时间以来，全省各级纪检监察机关认真落实省纪委《关于党员干部操办婚丧喜庆事宜监督检查办法》，加大专项整治力度，严肃查处了一批党员干部违规操办"升学宴""谢师宴"等婚丧喜庆事宜的典型案件，现将部分典型案例通报如下：

上图显示：××省纪委 2014 年发布了关于党员干部违规操办"升学宴""谢师宴"等婚丧喜庆事宜问题的通报。这种不良风气不仅在城市存在，也波及到广大农村，农村党员干部也普遍存在着违规操办的问题。

你知道通报是一种什么样的公文吗？哪些情况适合用通报？

实例阅读

【例文】
××县教育局关于向阳坝第二小学
学生食堂发生食物中毒事件的情况通报
×教字〔××××〕×号

各乡镇教办、中小学、幼儿园、县直学校：

××××年9月9日上午放学后，向阳坝第二小学学生在学生食堂统一吃午饭，12时30分左右，部分学生相继出现呕吐、头晕、腹痛、腹泻等不适现象，学校迅速将学生就近送往向阳坝镇卫生院紧急救治。经相关部门调查统计和核实，本次食物中毒事件应进餐399人，实进餐360人，接受治疗165人（不排除心因性反应的人数），其中男生76人，女生89人，重症5人，轻症160人，无死亡病例。

事件发生后，县委政府领导高度重视，县长李××批示："立即组织相关专家赶赴现场查明原因，采取措施救治学生，绝不能出现死亡的情况。教育局要立即对全县的学生食堂展开大排查，严厉惩治不遵守食品卫生安全的不法之徒……"。向阳坝镇党委政府迅速组织力量开展应急处置，镇党委书记王××第一时间赶赴现场指挥，组织镇卫生院、派出所、工商所及王家寨村、湖畔塘村、向阳坝村的村干部和向阳坝二小的全体教师全力以赴，展开救治。县卫生和食品药品监督管理局、县疾控中心、县教育局、县公安局迅速赶赴事故现场开展工作。县人民政府副县长孙××亲临现场，部署和指挥事件的应急处置工作。救治工作有条不紊、秩序井然。

事件发生后，中毒学生得到及时救治，救治现场得到有效维护，家长情绪比较稳定，不良势态得到有效控制。9月9日22时，已出院127人，继续住院观察38人，重症病人无生命危险。截至9月12日15时，学生中毒住院人数减至为4人，症状表现为有轻微恶心，腹痛等不适症状，无生命危险。事故原因还在进一步调查处理之中。

向阳坝第二小学学生食物中毒事件的发生，暴露了学校食堂社会化服务管理存在的严重问题，一方面食堂承包商以人为本、关心爱护学生观念淡薄，唯利是图。一是承包商管理者不服学校管理，对学校提出的合理要求视而不听；二是服务观念差，服务态度生硬，与学校公开对抗，我行我素；三是管理制度不健全，不规范，食品加工销售主观随意性大；四是盈利驱动意识严重，供应菜的质和量差；五是视学生生命为儿戏，违规操作，公然将变质变味的菜销售给学生。另一方面也暴露了学校食堂管理和应对突发事件所存在的问题。一是对学校食堂经营情况监管不力，出现管理漏洞，导致有变味变质的食品产生和变味变质的菜销售给学生；二是学校食堂安全监管责任人没及时到位和没有认真履行监管职责；三是突发事件发生后，没按程序和要求及时上报主管部门。

　　向阳坝第二小学学生食堂食物中毒事件的发生，充分暴露了学校管理工作的薄弱环节，反映了学校领导对安全工作还存在麻痹大意的侥幸心理，说明了学校管理者还存在作风漂浮，工作不深入实际，对上级安排的工作、会议精神和相关要求，只停留在表面上，未真正得到贯彻落实。本次事故，除食堂经营者由县相关部门处理并承担相应责任外，针对学校管理存在的问题，经9月12日局务会议研究，作出如下处理和工作要求。

　　一、对向阳坝第二小学主要领导，分管领导进行全县通报批评。

　　二、取消××公司在向阳坝第二小学的食堂承包经营权，终止其经营合同。

　　三、县教育局配合县卫生和食品药品监督管理局，共同组成5个工作组，自9月14日起，开展以寄宿制学校食品卫生安全为重点的工作检查，深入全县各中小学、幼儿园对食品卫生安全进行为期一周的大排查，大整改。

　　四、要求全县各中小学幼儿园，要吸取向阳坝第二小学学生食物中毒事件的深刻教训，强化学校安全监督管理意识，积极开展从业人员安全知识培训，认真开展安全隐患排查，持之以恒抓好学校全方位的安全监管，确保学校平安稳定。

××县教育局（印章）
××××年9月12日

一、通报的概念

　　通报是上级机关对下级机关进行表彰先进、批评错误、传达重要精神或者告知重要情况时所使用的一种公文。通报是知照性的下行文，一般在机关、团体、企事业单位内部使用，如有需要往往抄送上级领导机关，扩大宣传教育的范围。

二、通报的特点

1. 典型性

通报的事项要具有典型性，并非任何事情都可通报，要看事情的大小轻重。典型的事情往往具有普遍的代表意义，典型的好人好事，是指一般条件下人们可以做到却没有做到的事情；典型的错误或不良倾向，是指那些本来可以杜绝却没有杜绝，发生后影响比较大的事情。通报典型的事情可以引起人们的思考，提高人们的思想觉悟和认识水平。否则，如果是一般化的事情，就难以引起人们的注意和思考，也就失去了通报的意义。

2. 教育性

通报表彰先进，树立好的榜样，可以使人们见贤思齐；通报典型的错误或不良倾向，可以防微杜渐，引以为戒。所以，无论是先进的事情，还是错误的事情，都具有突出的教育意义。

3. 时间性

通报的时间性很强，只有迅速及时地将榜样或者教训披露出来，才能有针对性地指导当前的工作，不至于失去一个"典型"。如果已经成了"旧闻"，再去通报，不但不易引起人们的兴趣和注意力，教育意义也不大了。

三、通报的分类

1. 按通报的内容性质分

（1）表彰性通报　表彰性通报是表彰先进集体或先进个人的通报。这种通报，通过通报具有典型性的好人好事或在同行业中工作成绩突出的集体，树立典型，推广经验，鼓励先进，弘扬正气，以达到教育群众的目的。如《最高人民法院关于贵州省怀仁县人民法院卢德华同志模范事迹的通报》是表彰先进个人的通报；《山东省人民政府关于表彰全省淘汰落后产能工作先进集体和先进个人的通报》（鲁政字〔2013〕109号），这是一份表彰先进集体和先进个人的通报；《国务院关于对"十一五"节能减排工作成绩突出的省级人民政府给予表扬的通报》（国发〔2011〕31号）是表彰省级人民政府的通报。

（2）**批评性通报** 批评性通报是批评有关单位或个人的错误或不良倾向的通报。这种通报，通过揭露具有典型性的错误事实和不良倾向，分析问题发生的原因，指出造成的严重后果，从而引起有关方面的重视，引以为戒，如《国务院办公厅关于××省××市县擅自停课组织中小学生参加迎送活动的通报》。

（3）**情况性通报** 情况性通报是指传达上级机关及其他方面的重要精神或重要情况的通报。上情下达的通报，是为了使下级干部群众了解全局，统一认识，自觉地与上级协调一致，以推动工作的开展。如《省税务局关于税务经费清理检查情况的通报》，这是××省税务局在税务经费清理检查活动结束后，把检查情况汇总，对税务经费使用当中存在的问题向全系统进行了全面通报。某些重要情况的通报，如《××县教育局关于向阳坂第二小学学生食堂发生食物中毒事件的情况通报》，是对出现的严重情况所做的通报，以此引起相关部门对学生饮食安全卫生问题的高度重视和严密监管。

2. 按通报写作形式的不同分

（1）**直述式通报** 即直接叙述被通报事件，如《××县教育局关于向阳坝第二小学食堂发生食物中毒事件的情况通报》就是直述式通报。

（2）**转述式通报** 把下级单位报来的通报、报告、简报等文件，加上批语，转发给有关单位，可以用转述式通报。对被通报事件来讲这是间接叙述形式。如《最高人民法院关于贵州省怀仁县人民法院卢德华同志模范事迹的通报》，就是一份转述式通报。贵州省高级人民法院在系统内部通报了县司法干部卢德华同志的模范事迹，同时抄报了最高人民法院，最高人民法院认为很有典型意义和宣传价值，于是将贵州省高级人民法院的通报加上批语转发给全国地方各级人民法院，扩大了宣传教育的范围。

四、通报的写法

虽然通报的写作目的有别，所含内容不同，各种通报的具体写法各异，但从通报的写作规律来看，不管什么种类的通报，它的正文一般由四部分组成，或叫"通报四要素"。

1. 介绍通报事项的基本情况和主要事实

这是"叙事"部分。

（1）**表彰性通报** 一般要写明先进单位或先进个人的主要事迹、主要情节过程或主要做法，概括出值得人们学习的主要事实。

(2) 批评性通报　则要写清不良现象或者事故产生的时间、地点、涉及的单位和人员、经过、结果和影响等。

　　(3) 情况性通报　则要写清情况的概貌、工作的成绩、问题或事情的发展过程等。

　　这一部分，要根据通报的主旨写得简明扼要、详略得当、重点突出。凡是能反映问题实质、与表现通报主旨有密切关系的情节、事实要详写，与表现主旨关系不大的一般情况则要略写或不写。要使人看了后能确切地了解通报事项的实际面貌，为引出下文的分析、评论和处理决定打下基础。

2. 对通报事项进行分析评论

　　这是"说理"部分。

　　(1) 表彰性通报　主要是分析先进典型所体现出来的可贵精神和教育意义。

　　(2) 批评性通报　主要分析问题产生的原因，揭示出错误的实质及其危害，概括出教训所在。

　　(3) 情况性通报　则要指出通报情况的本质或特征，阐明其中所包含的意义。

3. 说明处理结果或提出处理意见

　　(1) 表彰性通报　一般说明给予有关人员或单位什么具体的表彰或奖励。

　　(2) 批评性通报　则说明给予什么处分或处罚。

　　(3) 情况性通报　一般没这项内容。

　　这一部分，有的可以单独列为一段写，也有的可以与第一或第二部分并在一起。

4. 发出号召，提出希望和要求

　　(1) 表彰性通报　往往要求和号召人们向先进学习。

　　(2) 批评性通报　则要求人们从通报事件中汲取教训，引起警惕，杜绝和防止类似问题再次发生，有的也可针对通报事件所反映出来的问题作出防范规定。

　　(3) 情况性通报　常常针对通报的情况，对下一阶段如何开展工作提出具体意见。

　　总之，这一部分要牢牢把握分寸，对提出的要求既不能过高，也不能过低，要恰如其分，要有针对性，更不能像指示或全面部署工作。只能是针对通报的经验或教训提出某一方面的要求。

五、撰写通报的注意事项

1. 行文要及时

通报的时间性较强,写作要及时迅速,因而可以及时指导当前工作,否则,就不能起到很好的教育作用。

2. 事例要真实、典型

通报所报的事例应当是真人真事,不能有半点虚假,否则不但影响教育效果,还会有损发文单位的声誉。因此,写通报前,一般要调查、核对事实,做到准确无误。此外,还应注意事例的典型性。无论表彰或批评,其事例应让人感到确实值得学习或引以为戒。如果某人犯了一点小错误,就将其通报批评,会给人以小题大做的印象。

3. 详略要得当

通报的事例是写作重点,固然要多用笔墨,但要注意详略得当。若过于简单,变成抽象的概述,人们难于受到教育,产生不了爱憎之情。若过于详细,将"通报"写成近似"通告"或"报告文学",又会使人难于把握要领。

4. 要突出教育性,注意掌握政策

通报与决定不同,它不是一种行政命令,它最主要的特点是教育性,在写作中要注意突出这一特点,在写通报中的处理意见时,必须注意政策,掌握好分寸,使处理决定与事实、政策相一致,做到合情合理,否则,既对当事人不利,又难于服众。

六、通告、通知与通报的区别

通告、通知和通报是使用范围非常广、使用频率较高的三种很重要的公文文体。这三种公文文体有时被错用是因为它们的用法和适用范围十分接近。为了充分发挥这三种文体在实际工作中的重要作用,我们不但要了解这三种文体的共同点,而且也要搞清楚这三种文体的不同点。

1. 通告、通知与通报的共同点

共同点主要体现在"通"字上。而"通"的含义:一是传达;二是普遍。

(1)周知性 从其概念上看,通知用于上级机关"传达要求下级机关办理和需要有关单位周知或者执行的事项";通告用于"公布社会各有关方面应当遵守或者周知的事项";通报用于"表彰先进、批评错误、传达重要精神、交流重要情况"。可见，不管通知、通告，还是通报的事项都是在一定范围内需要周知的。

(2) 下行文　从公文的行文方向上看，通告、通知、通报都是下行文，即上级机关对其所属下级机关是自上而下的发文。正因为通告、通知、通报都是下行文，因此，这三种公文都反映了上级机关对于下级机关工作的领导与指导，传达了制文机关对于某项工作问题所作的决策和意见，体现了法定的权威和效力。

(3) 适用广泛　从公文的适用范围上看，这三种公文运用十分广泛。在行政机关或企业单位团体都可通用。

2. 通告、通知与通报的不同点

虽然这三种文体有许多共同点，但又有较大的区别。只有掌握了这三者的特点，才能准确地将它们区别开来。具体有以下不同。

(1) 发文的目的不同　通告、通知是让下级了解上级指示精神，告诉其应知或应办的事项，如转发文件、传达精神、布置工作、发布规章、增设机构、通报情况、任免和聘用干部、召集会议等。通报则是要通过典型事例或具体情况来教育有关人员以便改进工作。

(2) 收文机关不同　通告、通报的收文机关大半是泛指的；通知则有明确的收文机关，并且大都用于相隶属的上下级之间，如需要制发机关的上级或平级以及不相隶属的下级也需知道通知的内容，在抄送时，应标明抄送机关。

(3) 保密程度不同　虽然"通"带有"传达"和"普遍"的意思，但这"普遍"有一定的范围界限，一般来说，通告的内容不具有保密的性质，即使不在其范围之内知道了也无所谓。而通知和通报的内容，有时是带有保密性质的，有的甚至是绝密，从这一点来看，这三种文体保密程度是不同的。

(4) 要求程度不同　一般来说，通告和通报只需知道即可、往往不带有具体的执行事项。而通知除知照性通知外，大都带有必须遵照执行的事项或办理期限。

思考题

1. 通报有哪些分类？
2. 通报的正文一般怎么写？
3. 通报与通知、通告有哪些区别？

第十节 报 告

情境导入

2013年即将过去，百花村准备召开一次全体村民大会，会上村委会主任夏××作村委会工作报告。

村委会主任夏××的报告是属于哪种类型的报告？你知道报告都适用哪些情况？怎么写报告？

实例阅读

【例文】
关于××新村各党支部换届选举结果的报告
×党支字〔××××〕×号　　签发人：×××

××镇党委：

根据镇党委《关于印发〈××镇村党组织委员会换届选举工作实施方案〉的通知》（××字〔××××〕×号）精神，依据《中国共产党党程》和《中国共产党基层组织选举工作暂行条例》，我××新村各党支部于×××年6月7日～9日进行了新一届村党支部班子换届选举工作，现将选举结果报告如下：

　　××新村第一支部委员：×××　×××　×××
　　××新村第二支部委员：×××　×××　×××
　　××新村第三支部委员：×××　××　×××

中共××新村党总支委员会（章）
××××年×月×日

必备知识

一、报告的概念

报告是下级机关向上级机关汇报工作、反映情况，提出建议，答复上级机关询问，报送文件、物件品时所使用的一种陈述性公文。

二、报告的特点

报告主要有两大特点。

1. 陈述性

报告以陈述为基本特点。它主要是陈述具体情况，讲述事情，而不需要主观论述，即告而少论，甚至告而不论。

2. 事后行文

报告是下级机关将已经发生的或已经做过的事情报告给上级机关，所以事后行文是报告在行文时间上的一大特点。

三、报告的种类

报告的种类较多。按性质分，可分为综合报告和专题报告；按内容分，可分为工作报告、情况报告、答复报告、报送报告等。下面介绍以内容划分的报告种类。

1. 工作报告

工作报告是本单位工作进行到一定阶段，向上级汇报工作开展情况及下一步工作安排所用的报告。工作报告一般是例行性或应上级要求而写的。

2. 情况报告

情况报告是指下级机关就本单位出现的偶发情况或问题所使用的报告。这种报告没有时间限制，发现了问题就要报告，带有专题性，内容比较单一。

3. 答复报告

答复报告就是下级机关回答上级机关询问时写的报告。它与主动向上行文的报告不同，是被动行文。

4. 报送报告

报送报告是下级机关向上级机关送交文件、物件时，随文随物写的报告，也可以说是给文件、物件开的"介绍信"，起介绍作用。

四、报告的写法

报告的类型不同，结构内容安排有所不同。

1. 工作报告

这类报告一般是把本单位一段时期的工作加以汇总，然后报送上级机关。特点是比较全面完整，往往是定期例行上报。

（1）开头　一般概括交代工作的开展背景、基本情况。

（2）主体　这一部分可以分几个方面对工作情况加以具体陈述，如基本做法、主要经验、存在问题和下一步工作安排等，不一定面面俱到，可着重汇报其中某项。

（3）结尾　因不需上级答复，所以可用"特此报告"或"以上报告，请审"等，也可以自然结尾。

2. 情况报告

这类报告往往针对某一偶发事件或就工作中某一方面问题向上级汇报，所以在写作中必须详细具体地陈述问题或情况，以使上级机关尽可能全面地了解。

（1）针对某一事件的报告　在内容上，可以按时间顺序先交代事件发生的时间、地点、损失、对事情的善后处理。如果是人为的事件，还要分析事件发生的原因，从中应该吸取的教训，对主要责任者的处理意见及今后的整改措施等。

（2）针对工作中的某一方面问题的报告　可以根据实际情况，采取适当的内容结构。如《山东省人民政府办公厅关于国务院文件办理情况的报告》。这份报告的主旨是山东省人民政府办公厅向国务院办公厅汇报本机关关于国务院文件办理的情况，包括办文办法、实施效果、存在的问题和今后的打算等，是分三部分阐述的。

① 第一部分，概括陈述批办国务院文件的基本情况。（总述）

② 第二部分，具体陈述批办国务院文件的有效措施。（详细分述）

③ 第三部分，存在的问题及今后的打算。（略写）

这份报告逻辑严密，层次清楚，重点突出，详略得当。国务院曾将此文在《国务院公报》上全文刊载，是对山东省人民政府办公厅工作的肯定，同时也是对文件写作本身的一种肯定。

3. 答复报告

这类报告应当根据上级的询问，简明扼要有条理地进行回答，要做到上面问什么，下面就答什么；上级怎么问，下级就怎么答；不能答非所问，也不可旁生枝节，其内容与形式取决于上级的要求。

4. 报送报告

报送报告的正文比较简单。一般只说明报送文件、物件的名称和数量即可。如果需要对报送文件或物件的有关情况加以说明，可另行一段进行简要说明。

 思考题

1. 报告有哪些种类?
2. 工作报告的正文一般包括哪些内容?

第十一节　请　　示

　　××镇人民政府为调整经济结构,开创新型高效经济发展途径,促进镇水果产业的健康快速发展,根据"发展优势产业,创立水果品牌,致富一方人民"的基本思想,经过考察论证和市场需求分析,计划修建30公里乡村道路,以方便镇水果产业与市场的无缝接轨。经过有关部门的预算,大约需要资金350万元,本地已自筹资金150万元,尚有约200万元的缺口,特向县人民政府申请项目建设资金200万元以帮助完成此利民之举。

　　你知道请求上级拨款的公文以什么文种行文吗?怎么拟制这份文件?

实例阅读

【例文一】

××省高级人民法院文件

××发〔××××〕×号　　　　　　签发人:×××

关于交通肇事是否给予被害者家属抚恤问题的请示

最高人民法院:

　　据我省××县人民法院报告,他们对交通肇事致被害人死亡,是否给予被害者家属抚恤的问题,有不同意见。一种意见认为,被害者若是有劳动能力的人,并遗有家属要抚养的,给予抚恤。另一种意见认为,只要不是由被害者自己的过失所引起的死亡事故,不管被害者有无劳动能力,都应酌情给予抚恤,我们同意后一种意见。几年来的实践经验证明,这样做有利于安抚死者家属。

妥否,请批复。

××省高级人民法院(公章)
××××年×月×日

【例文二】

关于申请乡村道路建设资金的请示

×〔××××〕×号　　　　签发人:×××

××县人民政府:

我村是××县××乡的一个边远贫困山村,全村有8个村民小组,210多户,740余人,全村有稻田900余亩。由于地处边远,交通不畅,导致村民长期处于贫困之中。这两年,我村都被定为省级贫困村。俗话说要想富先修路,为了摆脱贫困帽子,使我村富裕起来,我村准备修建乡村道路。今年我村已将7公里村道进行了扩面和铺砂,经有关部门预算,每公里扩面铺砂4.5万元,共需资金31.5万元,另外需加修滚水坝一处,加固两公里排水渠,两项需资金6万元,共计需要资金37.5万元。目前,各项工程已基本完工,并已将两年的扶贫款20万元,加上村民自筹资金10万元,共计30万元已用完之外,尚有缺口7.5万元。为此,特向县人民政府申请7.5万元资金予以解决。

当否,请批复。

××县××村委会(章)
××××年×月×日

必备知识

一、请示的概念

请示是下级机关向上级机关请求指示、批准所使用的一种期复性公文。

二、请示的特点

1. 期复性

请示是用来请求上级解决问题的,上级则针对请示问题作出明确的批复。

2. 单一性

请示行文必须坚持"一文一事"的原则,即一事一请示,在一个请示里只能请求解决一个问题,如果有多个问题,则应该对应使用多个请示。

请示一般只写一个主送机关,如需同时送其他机关,应当用抄送形式。

3. 时间性

请示所涉及的问题,一般都是急需解决的。上级接到请示后,必须及时作出答复,一般不能拖延,否则延误下级工作的开展。因此请示时间性较强。

4. 隶属性

请示特别强调必须按照上下级的直接的隶属关系来进行,即下级机关向所隶属的上级机关发文请示,不能向非隶属关系的机关发文请示。因为只有相隶属的上级机关才有权利答复其下级机关的请示事项。

三、请示的适用情况

① 下级机关遇到新情况、新问题,因无章可循而没有对策或没有把握,需要上级机关给以指示时,可指用指示。

② 下级机关对有关方针、政策和上级机关发布的规定、指示有疑问,需要上级机关给予解答时,可指用指示。

③ 下级机关之间在较重要的问题上出现意见分歧,需要上级机关裁决时,可指用指示。

④ 下级机关在处理较为重要的事件和问题时,因涉及有关方针政策必须慎重对待,需要报请上级机关批准时,可指用指示。

⑤ 下级机关在工作中遇到问题,虽然有解决的办法,但由于职权、条件的限制,没有权力或没有能力实施这些办法,需要上级帮助解决时等皆可使用请示。

四、请示的分类

请示主要分为两种。

1. 请求指示的请示

请求指示的请示侧重于上级的指导性意见。对工作中有疑难问题需要上级解答;出现新情况、新问题而又无章可循,需要上级指明办法;

下级内部发生意见分歧，无法统一，需要上级裁决等就用请求指示的请示。

2. 请求批准的请示

请求批准的请示侧重于寻求上级机关核准。对某一问题已有明确的处理意见，但需要上级认可后才能实施；工作中有困难需要上级提供物质援助；遇到上级主管部门明确规定必须经过审批才能办理的事情，都要使用这种请示。

五、请示的写法

请示一般由发文机关标志、发文字号、签发人、首页红色分隔线、标题、主送机关、正文、发文机关署名、成文日期、印章等组成。

请示的正文一般应写明三个方面的内容。

1. 请示缘由

首先写明请示的缘由，即"为什么请示"。简要写明提出请示的依据、背景，交代清楚情况或问题。理由要充分，语言要简洁明了。

2. 请示事项

接着写明请示的事项，即"请示什么问题"。如果是请求上级解答疑难问题的，要讲清楚具体什么疑问；如果是请求上级批准某种意见、措施的，就要将本机关的意见和打算写具体；如果是请求上级帮助解决某一困难的，就要把需要提供的具体帮助写明白。

3. 期复结语

最后一般用具有高度概括性的结尾语，明确要求上级给予回答、批复。常用的结尾语有"以上妥否，请批复""当否，请批复""是否妥当，请指示""以上意见当否，请核示""如无不妥，请批准""以上问题如何处理，请指示""如无不妥，请批转有关单位执行"等。

六、写作注意事项

1. 情况要确凿，理由要充分

写请示要陈述情况，作为请求批准和答复的理由。请示中所陈述的情况必须确凿无误，决不能为了谋求批准而无中生有编造假情况，夸大困难和问题。同时，写请示的根本目的是为了得到上级的批准和答复，因此，还应该在保证情况属实的基础上，力求把理由阐述充分，这样才能保证达到预期的目的。

2. 态度要恳切，语气要谦和

请示是上行文，是下级向上级提出要求，自然要礼貌些，即使请示的问题十分重要、紧迫，很需要引起上级重视并让上级尽快答复，也只能通过充分的理由和恳切的态度引起上级的重视，而不能采用命令式的语气。

3. 要坚持一文一事和主送一个机关的原则

拟写请示要坚持"一文一事"的原则，即一篇请示只写一件事，不能写性质不同的几件事。否则，会因涉及范围广、牵扯问题多，使上级机关不易及时处理，以致延误答复时间。

请示还应注意只能主送一个机关，不能多头主送。

多头主送的弊端较多：一是不便于明确答复责任，可能引起几个被请示机关互相依赖、甚至互相推诿，以致贻误工作；二是如果多方给予答复，意见稍不一致，下级就会无所适从，也不利于开展工作。因此即使受双重领导的机关向上级请示问题，也应根据请示的内容，分清主次，只确定一个主送机关，必要时抄送另一个上级机关。

七、请示与报告的区别

1. 请示与报告的相同点

（1）二者行文关系相同 都属于上行文，即都是有隶属关系的下级机关向上级机关发送的文种。

（2）二者文体格式相同 这两种公文除具有其他公文格式外，都应有"签发人"。

2. 请示与报告的不同点

（1）行文目的不同 报告属于阅件，请示属于办件。报告不要求上级批复，它仅仅是向上级汇报工作、反映情况等；请示则要求上级给予答复，要有回音。

（2）内容容量不同 报告的内容容量比较广泛，涉及的面可大可小，篇幅可长可短，形式也可多样。即使是一事一报的专题报告，内容也比较详尽、具体，容量也比较大。而请示的内容比较单一，一文一事，篇幅一般比较短。

（3）行文时间不同 报告可事前行文，可事中行文，也可事后行文；请示则必须在事前行文，绝不允许"先斩后奏"。

（4）结语不同 请示的结尾语常用"当否/妥否，请批复"这样固定的结语；而报告的结语由于报告的内容呈多样性，所以写法比较灵活，往往视内容而定。

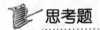

1. 请示有哪些特点？
2. 请示一般有哪些内容？
3. 写请示应注意哪些事项？
4. 请示与报告的主要区别是什么？

第十二节 批 复

情境导入

根据"第十一节 请示""情境导入"环节中的案例，××县人民政府收到××县××镇人民政府《××镇关于申请乡村公路建设补助资金的请示》（×政发〔××××〕×号）后，于××××年×月×日做了答复，同意补助资金 200 万元。

你知道××县人民政府又是以什么文种行文的吗？怎么拟制这份文件？

实例阅读

【例文】

××省物价局
××省财政厅
××省国土资源厅
关于××市征地地面附着物
和青苗补偿标准的批复
×价费发〔××××〕×号

××市物价局、财政局、国土资源局：

你们《关于调整征地地面附着物和青苗补偿标准的请示》（×字〔×××〕×号）收悉。现批复如下：

一、根据××省人民政府办公厅《关于调整征地年产值和补偿标准的通知》（×政办发〔××××〕×号）规定，同意你们征地地面附着物和青苗补偿标准按附件所列标准执行。

二、本批复自××××年×月×日起执行，有效期至××××年×月×日。省物价局、财政厅、国土资源厅×价费发〔××××〕×号和×价费发〔××××〕×号有关××市相关规定同时废止。

附件：××市征地地面附着物和青苗补偿标准

××省财政厅（章）　　××省国土资源厅（章）　　××省物价局（章）
××××年×月×日

一、批复的概念

批复是上级机关针对下级机关的请示事项给予答复时所使用的一种公文。

二、批复的特点

1. 单一性

批复的单一性体现在两个方面：一是行文关系上，只能主送给请示单位。如果所答复的问题具有普通的意义，需要让其他下级机关知道，一般用抄送形式，而不像"通知"那样多头主送；二是写作内容上，内容单纯，针对性强，一般只对请示事项做出答复，批复回答的内容不能超出请示问题所涉及的范围。

2. 指导性

批复是上级机关针对下级的请示提出具体的处理办法和决策意见的公文，它对下级机关所请示的工作，具有明显的指导作用，下级接到上级的批复，就要依照批复精神开展工作。

3. 权威性

批复发自领导机关，而在职权上对其下级机关具有法定的管辖权，所以批复对下级来说具有权威性。

4. 被动性

无论在什么情况下，都是请示在前，批复在后。上级机关不会主动发出批复，因此批复属于被动性行文。

三、批复的分类

1. 请求指示的批复

请求指示的批复,是指对下级机关要求解答、裁定和指导的问题的批复。

2. 请求批准的批复

请求批准的批复是主要针对下级机关请求批准的事项,进行认可和审批,带有表态性和手续性。

四、批复的写法

批复的正文,一般由引述来文、批复意见和结语三部分组成。

1. 引述来文

批复的开头是"引述来文"。通常引述对方的来文,写明是对什么请示的批复,使受文单位一看就知道批复的针对性。引述对方来文时,必须引出对方来文的标题和发文字号。一般写法是:"你单位《×××关于……的请示》(××字〔××××〕×号)收悉。"

2. 批复意见

批复意见,即对对方请示的问题所作的答复和指示。这一部分是核心,要根据有关的政策、法令、规章制度以及实际情况对下级提出的请示事项作出恰当、明确的答复。

有些批复意见比较简短,如《国务院关于国土资源部〈省级海洋功能区划审批办法〉的批复》和《山东省物价局、山东省财政厅、山东省国土资源厅关于莱芜、菏泽市征地地面附着物和青苗补偿标准的批复》。有些政策性比较强,而涉及的问题比较重大复杂,批复意见就比较长,如《国务院关于全国抗旱规划的批复》。如果表示否定的意见时,不能仅仅用"不同意"三字就打发了下级,除了提出明确的否定性意见外,还须申明充分的理由,具体讲清依据什么政策、规定等。必要时还应简明地引述原文的条款,以使下级明白上级不同意的原因,易于下级接受。

3. 结语

批复的结语,一般用"特此批复"或"此复"等词语以加强语气,收束全文。有的也可以提出与批复内容有关的其他要求和希望,如"专款专用,不得挪作他用""请遵照执行"之类。

五、批复的写作注意事项

1. 批复要及时，态度要明朗

下级机关的请示，一般都是有急需解决的问题才写的，上级机关接到请示后，要迅速及时地给予答复，以免延误下级的工作。同时，作出答复意见，态度一定要明朗，不能含糊其辞、不置可否。

2. 要严格掌握政策，防止出现偏离政策的现象

写作批复一定要有强烈的政策观念，所答复的问题，如果涉及已有的政策规定，就要严格按政策规定作答，不能偏离政策另搞一套。同时，批复中引用文件时，也要认真查对原件，防止出现差错，造成冲突。

思考题

1. 批复有哪些特点？
2. 批复正文开头的引述来文怎么写？

第十三节 议 案

情境导入

××××年×月，××省××市十一届人民代表大会期间，×××、×××等122名代表提交了7件议案，同时关注农村的水污染问题，这一比例占到了全部337名市人大代表的36%。大会秘书处议案组组长×××介绍，这么多代表同时聚焦一个问题，比较罕见，反映了推进农村水污染治理、建设美丽乡村的民意基础和急迫性。大会议案审查委员会经过审议，建议将这7件议案进行"并案处理"，合并为《关于推进"清水治污"工程，建设美丽乡村》的议案，并定为本次大会的唯一议案。其余47件议案，拟转为建议，交市政府有关部门或有关组织、机关研究办理，这说明××市各级政府对农村水污染问题的重视和治理决心。

以上是××年的一则消息，其中的关键词是"议案"。其实，我国每年的两会都会收到大量议案，你知道什么是议案吗？议案有什么作用？

 实例阅读

【例文】
××市××区人民政府关于提请审议
撤销××乡××镇建制设立相应街道的议案

区人大常委会：

  随着城市化进程快速推进，我区部分地区已基本城市化，现有乡镇建制与社会管理和发展要求不相适应，适时撤销乡镇设立街道，实行城市行政管理体制势在必行。经区人民政府研究，特提请整体撤销××乡、××镇建制，设立相应街道，街道治所仍设原乡镇治所不变。

  请审议决定。

  附件：××××××××××

区长：×××
××××年×月××日

 必备知识

一、议案的含义

  议案是由享有提案权的法定机关或法定人员依照法定程序提请同级人民代表大会或人大常委会进行审议，并要求人大会议讨论、作出决定的议事原案。

  也可以说，议案是讨论、解决某一问题的办法、措施、意见和方案。每个国家的议案提交程序和规定都是不一样的，但是都是行使国家权利的重要手段。

  法定机关或法定人员可以是提议案的主体，包括各级人民政府、全国人民代表大会主席团、一个代表团或者三十名以上的代表、全国人民代表大会常务委员会、常务委员会组成人员十人以上、全国人民代表大会各专门委员会、国务院、中央军事委员会、最高人民法院、最高人民检察院。

  各级政府依照法定程序向同级人民代表大会或人大常委会提请审议；全国人民代表大会各专门委员会，国务院，中央军事委员会，最高人民法院，最高人民检察院，可以向常务委员会提出属于常务委员会职权范围内

的议案，由委员长会议决定提请常务委员会会议审议，或者先交有关的专门委员会审议、提出报告，再提请常务委员会会议审议；常务委员会组成人员十人以上可以向常务委员会提出属于常务委员会职权范围内的议案，由委员长会议决定是否提请常务委员会会议审议，或者先交有关的专门委员会审议、提出报告，再决定是否提请常务委员会会议审议；全国人民代表大会主席团，全国人民代表大会常务委员会，全国人民代表大会各专门委员会，国务院，中央军事委员会，最高人民法院，最高人民检察院，可以向全国人民代表大会提出属于全国人民代表大会职权范围内的议案，由主席团决定交各代表团审议，或者并交有关的专门委员会审议、提出报告，再由主席团审议决定提交大会表决；一个代表团或者三十名以上的代表，可以向全国人民代表大会提出属于全国人民代表大会职权范围内的议案，由主席团决定是否列入大会议程，或者先交有关的专门委员会审议、提出是否列入大会议程的意见，再决定是否列入大会议程。

议案程序：议案须经过议案的提出、初步审议、正式辩论、修正、表决、通过和公布等过程。

二、议案的特点

1. 制发机关的法定性

议案的制发机关只能是特定的法定机关和或法定人员，如各级人民政府、全国人民代表大会主席团、一个代表团或者三十名以上的代表、全国人民代表大会常务委员会、常务委员会组成人员十人以上、全国人民代表大会各专门委员会、国务院、中央军事委员会、最高人民法院、最高人民检察院。而其他机关或人员则无权制发。

2. 内容的特定性和重要性

议案必须是属于各级人民代表大会及其常务委员会职权范围的重大问题，主要包括以下几方面：

① 制定法律、修改现行法律和解释法律的议案；

② 需要由人大及其常委会决定的有关宪法实施中的重大问题的议案；

③ 应由人大及其常委会决定或者批准的其他重要事项的议案。

3. 行文的定向性

议案只能由各级人民政府、全国人民代表大会主席团、一个代表团或者三十名以上的代表、全国人民代表大会常务委员会、常务委员会组成人员十人以上、全国人民代表大会各专门委员会、国务院、中央军事委员会，最高人民法院、最高人民检察院向相对应的本级人民代表大会或人大常委会进行审议,而不能向其他部门单位行文,行文方向是固定的、单向的。

4. 严格的时效性

议案必须在人民代表大会或其常务委员会举行会议规定的限期前提出,否则不能列为议案。超过期限提交的议案一般改作"建议"处理,或移交下次人大会议处理。提交大会审议的议案,必须限期审议、表决或提出处理意见。

5. 单一性

议案应一事一案,不能在一个议案里提请多个审议事项。

6. 事项的可行性

提交审议的事项,必须符合人民群众的意愿和要求,而且议案中提出的方案、办法、措施,必须是切实可行的,才有可能获得通过。

三、议案的分类

议案按性质和内容可分为以下几类。

(1) 立法(修订法)议案　用于提请修改或审议批准国家或地区重大法律、法规草案的议案。如《国务院关于提请审议〈中华人民共和国劳动法(草案)〉的议案》。

(2) 决策议案　用于提请审议某项重大事件并请求作出决定的议案。如《国务院关于提请审议兴建长江三峡工程的方案》。

(3) 任免议案　用于提请任免国家机关的主要负责人、国家驻外机构主要负责人的议案。如《国务院关于提请万永祥等二十一位同志职务任免的议案》。

(4) 条约议案　用于提请批准或废止同外国缔结的条约和重要协定。如《国务院关于提请审议批准〈中华人民共和国和俄罗斯联邦关于中俄国界西段的协定〉的议案》。

(5) 机构设置议案　用于提请设立或撤销国家机构的议案。如《国务院关于提请审议国务院机构改革方案的议案》。

(6) 建制议案　用于提请审议省、自治区、直辖市和特别行政区的设立与建制。如《长沙市岳麓区人民政府关于提请审议撤销天顶乡坪塘镇含浦镇建制设立相应街道的议案》。

四、议案的作用

1. 发挥民主作用

人大常委会、人大专门委员会、人民政府和人大代表就人民关心和事业发展提出有关议案，正是充分发扬人民民主的一种重要而又具体的形式，也有利于党和国家及时地听到人民呼声和了解人民心理，使自己的工作更好地符合人民群众的需要。

2. 弥补会议不周

无论是人民代表大会还是其常委会，每一次会议的召开都是经过周密筹划的，但因调查或信息局限等原因，又难免有其一定的不周之处。而来自广大与会者的"议案"则恰恰能够从某一方面弥补会议的这一不周之处，使会议内容更充实，效果更圆满。

3. 提高工作效率

"议案"能够提高工作效率可以从两方面理解。

（1）提高会议的审议速度　无论是人民代表大会还是其常委会，会议上都是要审议一些重大事项的，而"议案"所提出的问题又都是与一些重大事项有关的，特别是还有对问题解决的具体方法，这就有利于会议对有关事项的审议，进而提高审议速度和会议质量。

（2）促进会议精神的落实　"议案"一经通过，就具有了法定性的约束作用，有关部门必须认真贯彻落实，并及时做出贯彻落实情况的汇报。这不仅对贯彻落实会议精神，而且对促进有关日常工作也是很有利的。

五、议案的写法

议案一般由以下几部分组成。

1. 标题

议案的标题一般由发文机关、事由（提请审议事项）和文种三部分构成。如《国务院关于提请审议〈中华人民共和国劳动法（草案）〉的议案》，发文机关是国务院，事由是"关于提请审议《中华人民共和国劳动法（草案）》"，文种是"议案"。

2. 主送机关

主送机关是同级的人民代表大会或人大常委会，要写全称或规范化简称。

3. 正文

议案正文一般由案由、案据、解决问题的方案和结语几部分组成。案由应明确清楚，案据应充分合理，解决问题的方案要实事求是、脚踏实地、符合各族群众的意愿和要求，必须具体可行。

（1）案由　即议案的缘由，主要对提出议案的原因和必要性及酝酿形成过程作简要的说明。重大事项决策议案要比其他类型议案的案由写得详尽、充分。

（2）案据　即提出议案的基本依据。议案的依据应在占有大量客观事实材料的基础上提出，才具有说服力，使人信服。案据可以是对问题的分析，对事实的阐述，也可以是对主、客观条件的概括，内容必须具体。

（3）方案　即提请审议事项，是正文的核心内容。一般是明确议案名称及形成过程，提出议案中所提问题的解决措施、方案。建议批准采取有关行政手段的议案，要提出符合实际、切实可行的解决问题的方案，以便于审议。

（4）结语　即提出审议要求或建议。一般常用"现提请审议""请审议批准""请审议决定"等惯用语。

（5）落款　包括署名和成文时间两项。

六、议案与提案的区别

① 议案是国务院、各级人民政府、全国人民代表大会主席团等法定机关或法定人员依照法定程序向同级人民代表大会及其常务委员会提请审议事项的专用公文文种，其他机关或人员不能使用。提案是只能由政协委员向政府部门提出书面意见和建议的专用文种。

② 在法律效力方面，议案一经通过，就具有法律效力。政协委员提案是民主监督的一种形式，没有法律的约束力。

③ 在提出时间方面，人大代表议案，一般只在大会期间提出。而政协委员提案，既可在全体会议期间提出，也可在休会期间提出。

思考题

1. 议案有哪些特点和作用？
2. 议案一般包括哪几部分内容？

第十四节　函

情境导入

滨湖村位于 105 国道边，现有农户 412 户，人口 2168 人，全村有村道 13 公里，社道 6.2 公里。"要想富先修路"，滨湖村两委对道路建设高度重视，但面临着资金不足的问题。为解决资金缺口，滨湖村成立道路建设筹资小组,广泛发动外出务工人士、社会能人和社会热心人士为村道建设捐款集资,特别是受益的老百姓有钱出钱,有力出力。目前,道路工程已全部完成,总投资为344.5万元,市县两级交通部门划拨资金155万元,村委会已自筹资金95万元,但是目前资金仍缺口94.5万元。于是滨湖村向××省交通厅申请35万元资金支持,帮助解决乡村道路建设资金不足问题。

根据以上材料,滨湖村以什么样的公文形式向××省交通厅申请资金支持?

【例文一】

××区××镇××村委会
关于申请接入区办公业务网的函
××府办〔2009〕8号

××区信息委:

为进一步完善我镇信息化的建设和运作,实现区镇、村的互联互通,我镇现向贵委申请将××镇××村委会的网络接入××区办公业务网,从而使××村委会与各部门之间能畅通沟通业务,提高为民办事效率。为此,对贵委在我镇信息化建设中给予的支持和技术指导表示感谢。

可否,请函复。

××镇政府(章)
2009年5月8日

【例文二】

关于对××等项目依法予以没收的告知函
×规函〔×××〕×号

××市××区××街××村委会:

经核查,在你单位集体土地上建设的××等项目,存在严重的未批先建等违法建设行为。现根据《中华人民共和国城乡规划法》《行政处罚法》《行政许可法》《行政强制法》《住建部关于规范城乡规划行政处罚裁量权的指导意见》等法律法规,依法对该项目地上及地下建筑物全部予以没收,请你单位接函后积极配合,当日内填写《没收清单》,并做好交接等相关事宜,否则,引起的一切后果由你单位自行承担。违法收入没收及相应处罚,待相关部门核算后再行处理。

特此函告。

××市城乡规划局(印章)
××××年×月×日

一、函的概念

函是主要适用于不相隶属机关之间商洽工作、询问和答复问题、请求批准和答复审批事项时所使用的一种公文。

函是通用性较强的公文,有时可以代替批复、通知等,用于下行,如《国土资源部关于在国家版图意识教育宣传画上使用国徽、国旗图案的请示》(国土资发〔××××〕×号),主送"国务院"。国务院授权办公厅以《国务院办公厅关于同意在国家版图意识教育宣传画上使用国旗、国徽图案的复函》(国办函〔××××〕×号)来答复。又如《国务院办公厅关于印发〈国务院有关部门和单位制定和修订突发公共事件应急预案框架指南〉的函》(国办函〔××××〕×号),主送"国务院有关部门、单位",这里所用的"函"具有"通知"的功能。当然,能够用函而不用批复、通知等,主要考虑到函的"商洽工作,询问和答复问题,答复审批事项"的特性。类似情况在《国务院公报》中比较常见。

二、函的特点

1. 方向的多样性

平行性是函的基本特点,是说它主要适用于同级或不相隶属的机关之间。有时上下级之间也用,但是往往只用于商量、询问一般性事项,不具有指示、指挥的作用,约束力不强,不同于通知、决定和批复等。

2. 范围的广泛性

函的适用范围比较广泛,既可用于不相隶属单位之间商洽工作,询问、答复问题,告知事项;又可用于向有关业务主管部门请求批准有关事项和答复审批事项;此外还可用于上下级之间的一般性的公务联系。但其内容一般是较小事宜,是担负着对较小事宜进行处理的多种功能,被称为"公文的轻骑兵"。

3. 语气的平和性

函主要用于同级之间或不相隶属单位之间办理公务。双方不是领导和被领导的关系，甚至有时是不相往来，所以在语言上尽力避免生硬，要用平和的态度和语言，使全文显得尊重平和，恳切真诚。

三、函的分类

按照行文方向，可分为去函、复函；按照内容和用途可分为商洽函、询问函、申请函和告知函。

1. 去函和复函

（1）去函　去函是指发文机关向对方机关提出询问或请求批准而主动发出的函。

（2）复函　复函是指答复去函事宜的函。

去函与复函，二者是对应的关系，就像请示与批复的对应关系。如《关于调查电教教材编制情况及今后设想的函》和《关于电教教材编制情况的复函》，《信息产业部关于申请授权使用国旗国徽图案的函》和《国务院办公厅关于同意发行特种邮票时使用国旗国徽图案的复函》就是对应的关系。

2. 商洽函、询问函、申请函和告知函

（1）商洽函　商洽函主要用于商洽、请求协助解决某一问题。如人员调动、联系参观、请求帮助支援等，如《关于随班代培统计工作人员的函》。

（2）询问函　询问函在上下级或同级之间均可使用，如上级向下级询问工作情况或某一具体事情，下级向上级及主管部门询问有关方针政策和工作中遇到的界限不明确的问题等。如《关于调查电教教材编制情况及今后设想的函》，即向不相隶属机关或下级机关询问有关电教教材的编制情况及今后的设想等问题。

（3）申请函　申请函也称请批函，是向有关主管职能部门请求批准事项的函。如向工商部门请求办理营业执照；向城建部门请求用地；向税务部门请求减免税；向财政部门请求拨款；向教育部门请求社会力量办学；向新闻出版行政部门请求办理准印证；向文化行政部门请求给予社团登记；向公安部门请求刻制公章等。只要与这些主管部门不存在上下级隶属关系，就要用"函"来行文。如果审批权限在上级机关，就要用"请示"了。相应地，上级机关对请求批准的事项的回复，用"批复"，不相隶属机关的业务主管部门对请批准事项的回复，使用商洽性的平行文"函"。如《关于医师资格考试收费标准的复函》（鲁价费函〔××××〕

×号），受文单位是山东省卫生厅，山东省财政厅、山东省物价局与山东省卫生厅之间是不相隶属关系，所以用函，而不能用请示。

（4）告知函　告知函是不相隶属单位之间相互告知事项时使用的函。如在办理委托代查事项之后，告知代办情况；主动告知对方某种情况或某一事项，如《关于对××等项目依法予以没收的告知函》，受文机关是××标委会，发文单位是××市城乡规划局，从行文关系看，不能用"通知"，只能用函。

四、函的写法

1. 去函

正文结构与请示相似，由三部分组成。

（1）去函缘由　写明要商洽、询问、申请、告知事项的基本情况，有的写明依据、目的或要求，然后用过渡词"为此""为×××"，使原因、目的更加明晰，自然过渡到去函的具体事项。

（2）去函事项　具体写明商洽要求、询问内容、请求批准的内容或告知内容。

（3）结尾语　商洽函、询问函常用"请予函复""请研究函复""望予函告""请复函告知""盼复""请速回复""即请函复""请予研究并复"等期复用语。申请函常用"可否，请予审批""可否，请函复"等征询期复用语。告知函常用"特此函告""特此函达"等。

2. 复函

正文结构与批复相似，由三部分组成。

（1）复函缘由　复函的开头一般是引叙来文，"你局（单位）《×××× ×××》（××函〔××××〕×号）收悉"，然后以"经研究，现函复如下"过渡到事项部分。

（2）复函事项　这部分主要针对商洽、询问、请批的内容做出答复（告知函不需复函），内容较多时，可分条陈述，应答复得具体、明确。

（3）结尾语　复函的结束语一般用"特此函复""专此回复""特此函答""此复"等，也可以省略结尾语，但不能使用"此致敬礼"之类的寒暄语体。

五、函的写作注意事项

1. 要做到平等相待，以诚相商

函是代表机关向外联系工作、商洽事项、请求帮助的，要让对方理解、接受、支持,取得圆满效果,就要以诚恳、平易的态度,用恳切、朴实的语言与对方洽谈协商有关事宜,不可打官腔、强加于人,避免使用"你们要(不要、必须、应该、注意)"等带指示性语气的词语以及"承蒙关照""此致敬礼"之类客套、寒暄语体。

上行函要表现出坦诚的品格,下行函要表现出谦逊的作风,平行函要以礼待,这是函应有的行文风格。如果双方中有一方不采取合作、平等的态度,缺乏诚意,不仅会使商洽事项泡汤,而且会损害双方的团结协作关系。

2. 要做到开门见山,目的明确

函不能跟平常写信一样寒暄问候、拉家常、长篇大论,要把商量的事项和询问的问题开门见山地直接提出,并要主动爽快地把问题症结和自己的处理意见、要求告诉对方,做到叙事清楚、说理有节。不可漫无边际地东拉西扯,也不要委婉隐晦、闪烁其词,不故作姿态,不曲意逢迎。

3. 要推断对方心理,注意写法技巧

函的撰写应根据具体内容,通过推断对方见函后的心理,来选择不同的写法。如答复函,如果属于肯定性的,开头就可以直接答复问题,再叙述其他有关事宜,这样既能使对方充分掌握复函内容,也能促进单位间的密切合作。如果属于否定性的,开头就不宜直接提出否定内容,而是先简明、恳切地说明理由,最后表明否定态度,这样能取得对方谅解,感到否定是正常的、合理的,不致产生误解和反感。

六、函的格式模板

要点	模板(一)
标题:	×××单位关于×××的函
发文字号:	×××〔××××〕×号
主送机关:	_____:
正文:	为_____,
缘由:	_____
	特此商洽,盼予函复。
事项:	
结束语:	
	××××××
	××××年×月×日
发文机关:	
成文日期:	

要点	模板（二）
标题：	×××单位关于×××的函
发文字号：	×××〔××××〕×号
主送机关：	＿＿＿＿＿＿：
正文：	根据＿＿＿＿＿＿＿，为＿＿＿＿＿＿＿＿＿，
缘由：	现函告如下：
事项：	一、＿＿＿＿＿＿＿＿＿＿＿
	二、＿＿＿＿＿＿＿＿＿＿＿
	三、＿＿＿＿＿＿＿＿＿＿＿
发文机关：	××××××
成文日期：	××××年×月×日

要点	模板（三）
标题：	关于×××的复函
发文字号：	×××〔××××〕×号
主送机关：	＿＿＿＿＿＿：
正文：	《＿＿＿》收悉，经＿＿＿研究，＿＿＿＿＿＿＿现函
缘由：	复如下：
事项：	一、＿＿＿＿＿＿＿＿＿＿＿
	二、＿＿＿＿＿＿＿＿＿＿＿
	三、＿＿＿＿＿＿＿＿＿＿＿
	特此函复。
结束语：	
发文机关：	××××××
成文日期：	××××年×月×日

思考题

1. 函有哪些分类？
2. 复函在写作时一般包括哪几项内容？

第十五节 纪　　要

情境导入

××××年×月×日，百花村村两委在村办公楼三楼会议室召开工作会议。会议由村委会主任夏××主持，宣传干事张××记录，还有村两委工作人员出席。会上，村支书周××首先传达了镇政府工作会议精神，并对整脏治乱大检查、镇政府观摩会、计生大检查、村档案管理、治安巡防等工作进行具体安排，并强调要求村两委工作人员一定要做好自身的廉洁自律，为群众带好头，做好服务。会议最后，村委会主任夏××通知了关于省公路局将对××路进行翻修事宜，要求大家一定要积极开展宣传，动员公路沿线民户支持配合路政部门清理边沟。会后宣传干事张××根据此次会议情况和会议记录，又拟制了一份纪要。

你知道什么是纪要吗？如何拟制纪要？

【例文】

××省人民政府专题会议纪要
（××××年×月×日）
研究中部粮食主产区全程农机化示范区建设问题

×月×日，×××省长主持召开专题会议，研究我省中部粮食主产区全程农机化示范区建设问题。省政府秘书长×××，省政府副秘书长、办公厅主任×××，省政府副秘书长×××出席会议。会议听取了省政府副秘书长、省农委主任×××关于我省中部粮食主产区全程农机化示范区建设有关情况的汇报，与会同志就相关问题进行了研究讨论。

会议认为，我省中部粮食主产区全程农机化示范区建设是国家农业机械化示范工程，也是我省发展现代农业特别是增产百亿斤粮食的重点工程，对于提升农业装备水平、改善农业生产条件、提高综合生产能力、促进土地规模经营、转移农村劳动力等具有重要意义。一定要高度重视，强化措施，把工作做实、做细、做好，探索路子，积累经验，按国家要求完成任务。会议原则同意《全程农业机械化示范区建设实施方案》，并确定以下事项：

（一）成立示范区建设工作推进组。由副省长×××任组长，有关部门负责人为成员。省农委、省财政厅具体组织实施。省农委要加强力量，由专人负责，认真抓好工作落实。同意召开会议进行部署。

（二）明确示范区建设范围和实施作物品种。确定××、××、××、××、××、××、××、××、××、××、××、××、××、××、××共15个县（市）为建设地点。实施全程机械化的作物品种为玉米和水稻。

（三）选择合适的补贴方式。按照国家政策要求，结合我省实际情况，国家补贴资金和省里配套资金要直接补到农机大户和农民自愿成立的农机合作组织，要更多地补贴农机大户和农机专业合作组织。谁购买农机，谁拥有产权，同时也是承贷主体。

（四）确定补贴标准。示范区补贴标准定为50%，其中国家补贴30%，省里配套20%，对大型农机具可适当提高补贴标准。要把农业综合开发建设农机化示范区的资金衔接好，捆在一起使用。今年追加的补贴资金全部安排在示范区内的县（市）。力争今后4年国家补贴每年都要有所增加，省里承诺配套资金不低于50%。

（五）促进我省农机产业发展。要通过农机化示范区建设，提高我省农机发展水平。研究采取合资、重组等方式，以市场换投资，引进先进农机企业，促进竞争，推动农机产业发展。

（六）提高农机科研开发水平。省里在配套资金中拿出部分资金支持农机科研开发，在玉米、水稻收获等最需要、最薄弱的环节上进行突破，满足示范区建设和农业生产需要。

出席：省政府办公厅×××，省发展改革委×××，省财政厅×××，省经委×××、省农科院×××，省农发办×××，省农机研究院×××，省开发行×××。

必备知识

一、纪要的概念

纪要是适用于记载会议主要情况和议定事项的公文。

"纪"是记录，"要"是要点，"纪要"就是记录要点，也就是把会议的目的、主要议程、活动经过、基本精神和主要结论记录下来。

二、纪要的特点

1. 纪实性

纪要是根据会议实况概括整理而成的文件,它既能真实地记述会议的基本情况;又能准确地反映会议的主要精神和议定事项;既可以重点传达多数人的统一认识,又可以全面表述少数人的不同见解,对于人们如实地了解会议的内容和结果具有重要作用。

2. 提要性

纪要要求真实准确地反映会议情况,决不意味着有闻必录、事无巨细地都写进纪要里来。所谓纪要,就是要求对会议情况和议定事项作集中、概括、简要的反映。撰文者要善于分析、综合会议讨论的各种意见,大胆地剔除那些远离会议中心和要点的琐碎意见和枝节问题,按照一定的逻辑顺序编排要点,提纲挈领地反映会议的基本精神和主要成果。

3. 指导性

纪要是与会单位及其下属贯彻落实会议精神和议定事项的重要依据,它对于指导人们统一思想、协调行动、努力做好有关工作具有很大作用。特别是一些重要的工作会议纪要,它本身就具有很强的行政权威,可以直接指挥有关机关和人员的行动。即使是一些学术会议纪要,对于人们统一思想、更新观念也具有重要的导向作用。

三、纪要的分类

根据会议的性质,纪要主要分为两类。

1. 工作会议纪要

工作会议是指以总结工作、布置工作任务、研究解决工作中的问题为主要内容的会议。用于传达工作会议议定事项和主要精神的纪要,称为工作会议纪要。

工作会议纪要既反映与会者对工作的统一认识,又反映会议对工作的部署、要求以及对党和国家方针政策的具体贯彻意见,因此,是一种指示性的纪要,一般带有很强的行政约束力。如《××省人民政府专题会议纪要》(××××年×月×日)。

2. 学术会议纪要

学术会议是专门研究或座谈讨论某一方面学术问题的会议。用于反映学术会议召开情况和研讨结果的纪要,称为学术会议纪要。

学术会议纪要一般不带有布置具体工作的性质,也没有必须执行的行政效力，通常只发挥其参考性的指导作用，因此，它是一种通报型的纪要。

四、纪要的写法

纪要的格式与其他公文不完全一致。它一般以会议的名义而不以机关单位的名义制发，因此，可以不编发文字号，也可以不加盖公章。它一般由三部分组成。

1. 标题

① 一般情况下，纪要的标题由会议名称和文种两部分构成，如《×××省人民政府专题会议纪要》，会议名称是"××省人民政府专题会议"，文种是"纪要"。如果会议的全称较长，可以用简称代替。

② 有些小型工作研究性质的会议，其纪要也可以用会议研究的中心议题作为事由，拟写成与其他公文相似的标题，即"关于××××××的纪要"。

2. 正文

纪要的正文通常由三部分组成。

（1）开头　一般简明扼要地介绍会议概况。这个概况包括会议的指导思想、目的、会议的组织者或主持者、会议的时间地点和名称、与会人员、会议安排的主要议程和主要收获。有时还可写明会议召开的依据、背景以及会议的评价等。这一部分像新闻中的导语，要写得简明概括。

（2）主体　记述会议的内容要点，包括会议研究的问题、讨论的意见、议定的事项以及会后的任务和要求等。这一部分是纪要的核心，反映会议议定的事项和主要精神，这是"要"之所在，也是写好纪要的关键。一般来说这一部分的内容较多，要从会议宗旨着眼，对材料进行一番选择、取舍、分类、归纳，使之能够有概括性和条理性。除此之外，还要注意以下三点。

① 要把握好对结构的安排。在结构安排上常见的有三种形式。

a. 综合叙述式，即把会议情况、会议发言、讨论意见综合到一起，概括地叙述出来。这种写法大多用于小型会议。

b. 归纳分类式，即把会议研究的问题、讨论的意见按照不同的类别分条列项，或用数字标目，或以小标题分节，分别加以叙述。

c. 发言记录式，即按会议发言的先后顺序，把每个人的发言要点写出来。采用这种写法，要在发言内容之前写上发言者的姓名。这种方法常用于座谈会、讨论会纪要。有些纪要也可把 b、c 两种方法结合起来，先分出类别，列出小标题，然后在每个标题之下再按发言先后顺序写出每个人的意见。无论采用哪种写法，都要条理清晰地将会议的中心内容和主要精神突出出来。

② 注意使用集团式称谓。由于纪要是以会议的名义表述的，所以在行文中一般要使用集团式称谓。如"会议认为""会议要求""会议决定""会议强调""与会代表一致认为"等。这些称谓用语的作用是多方面的，它使纪要除了陈述性语言外，另增加了具体描述的意味，使内容显得更为真实具体；它作为段落开头，很自然地承启上下文，使段落眉目清晰，行文活泼。

③ 撰稿人要做好充分的思想准备。

a. 要自始至终参加会议，听取、熟悉会议的各项议程，对关键性观点、词语、数据加以注意。

b. 组织做好会议记录、会议简报。

c. 对有关情况作周密细致的调查研究。

d. 将初稿交与会人员讨论、修改，请会议领导过目，以纠正失误、补充遗漏。

(3) 结尾　纪要的结尾有多种写法。

① 有的提出希望、发出号召，要求有关单位认真传达会议精神，努力完成会上提出的各项任务。

② 有的向有关部门提出建议。

③ 有的列出会上尚未得到解决的问题，供以后继续研究探讨。

④ 有的对为会议提供帮助或做出贡献的有关单位和人员提出表彰或表示感谢。

⑤ 还有的在主体最后一个问题写完，全文便随之自然收尾。

3. 日期

纪要的日期可以写在正文的右下方。也可以写在标题的正下方。一般的纪要写会议通过的日期。重要的会议则可写有关领导同意签发的日期。

五、纪要的写作注意事项

1. 要突出会议的中心和要点

纪要，顾名思义就是记述要点，反映会议的中心内容和主要精神的，因此，写作纪要时一定要对会议内容加以提炼、概括，紧紧抓住会议的中心议题，分清主次，突出重点，真正做到确记其"要"。

2. 要忠实于会议内容

纪要既然是一种纪实性公文,那么它就必须如实地反映会议情况,准确地传达会议的基本精神。纪要中引述代表的意见,不能断章取义或加以篡改。

3. 要条理化、理论化

纪要不是纯客观地依样画葫芦地反映会议情况,而必须加以概括整理。对复杂的会议过程、庞杂的讨论意见,要加以归纳,使之条理化。对代表的意见,要尽力给予理论上的概括,使之上升到政策的、理论的高度。

思考题

1. 纪要有哪些特点?
2. 纪要的标题与一般公文标题有何不同?
3. 纪要的正文如何拟写?

第三章 农村事务文书

事务文书是党政机关、社会团体、企事业单位处理日常具体事务时使用的一种文书。事务文书与公务文书一样，是在工作中形成并经常使用的，是加强管理、沟通的重要工具。

事务文书种类繁多，本章重点介绍消息、计划、总结、调查报告、述职报告、会议记录、大事记、公示、建议书、倡议书、海报、简报、竞聘演讲词、会议主持词、开幕词、闭幕词及解说词十七种常用文书。

第一节 消　　息

情境导入

××村宣传干事赵××是××乡镇"垄上"频道的特约乡村新闻记者，针对××××年11月8日在××村举行的村民委员会换届选举活动做了一系列跟踪报道，并在村广播站、垄上频道及时播报，使全体村民和乡镇干部群众得以及时了解××村本届村民委员会换届选举的进展状况。

你了解新闻消息吗？如何写作？

实例阅读

【例文】

××市一生态园获评全国
休闲农业与乡村旅游示范点

中新××网××市1月9日电（窦××）日前农业部、国家旅游局公布了××××年全国休闲农业与乡村旅游示范县和全国休闲农业示范点名单。9日从××市农委获悉，××市大地生态园在评比中脱颖而出，被评为全国休闲农业与乡村旅游示范点，成为××省首家获此殊荣的单位。

近年来，××市围绕"接轨大上海、服务长三角"总体思路和"打造大上海旅游观光后花园"的战略目标，充分发挥××市农业大市的基础地位，深入挖掘了盐土滩涂、湖荡湿地、沿海森林等特色资源，同时注重大力调整农业产业结构，休闲观光农业休闲观光农业健康发展，知名度不断提升。目前，全市已建成100多个观光农业景区（点），其中全国旅游示范点5家、四星级乡村旅游区（点）2家、省最美乡村1家、省最具魅力休闲乡村4家。××××年，全市农业观光采摘园、休闲生态农庄、现代农业示范园、农家乐主题公园等年接待观光游客200多万人次，年综合收入超过7亿元。

必备知识

一、消息的概念及要素

消息是指对新近发生或发现的、能引起公众兴趣的事实的迅速简短的报道。

消息是新闻的一种，是狭义的新闻，是新闻体裁中最广泛、最经常运用的一种形式。其他新闻体裁，从某角度来说，是消息的扩大、延伸和发展。

一条完整的典型的消息，一般有六个新闻要素，即"何时""何地""何人""何事""何因"及"如何"。其中"何时""何地""何事"这三个要素最重要，任何消息中都不可缺少，其他要素在某些简明短小的消息中，根据内容的不同，也允许部分省略。

二、消息的特点

1. 真

真，即真实性，指消息的内容要真实可信，是确实发生或存在的事情。

2. 新

新，即新鲜性，指消息中的事情是新近发生或发现的，内容新鲜。

3. 快

快，即时效性，是指消息报道的迅速及时。

4. 短

短，即简短性，指消息的篇幅简短精粹。短，是消息的重要特点

三、消息的种类

常见的消息有动态消息、综合消息、经验消息、述评消息、人物消息等。

1. 动态消息

动态消息,能迅速及时地报道国内外正在发生或新近发生的新闻事实,是反映新事物、新情况、新动向的主要的消息体裁,也称"纯新闻",是最常见的消息类型。

动态消息最能鲜明、直接体现新闻定义,及时传递信息、沟通情况。动态消息报道的都是新事物、新现象、新情况,提供给读者最新鲜的信息。它的时效性强,它能及时地报道新近或正在发生的事实,使读者迅速地获得对事物现状的了解。它的篇幅较短,行文简约,一事一报,一般只有三五百字,有的短到几句话甚至一句话,被称为"简讯"或"一句话新闻"。

2. 综合消息

综合消息是围绕一个中心,把不同地区、不同战线、不同部门的相同或类似情况,综合起来加以报道的一种消息。

综合消息的特点是报道面广,声势较大,给人以总体性印象。综合消息的主题和所反映的事件,一般比较重大,它立足全局,具有宏观性;写法上点面结合,往往叙中有议。

3. 经验消息

经验消息是指把某地区、某部门或某单位在工作上的成功经验报道出去的消息类型。

经验消息所报道的,可以是贯彻党和国家的方针政策的典型经验,可以是某一方面工作的成功做法。这类消息,内容能引起普遍兴趣、带动全局、有推广价值,生动具体。如有教训,也照实写出,以提醒注意,避免他人学习时走弯路。

4. 人物消息

人物消息就是以消息的形式报道新闻人物,反映某个特定人物的事迹和行为的新闻载体。

在人物消息中,人物是消息的中心,"因人写事,以事显人",在事件中对人物进行细致地刻画,人物形象具体生动,如在眼前。

5. 述评消息

述评消息是一种针对国内外某一重大事件、事态或问题进行报道和评述,既报道新闻事实,又要对新闻事实的发生原因、性质、特点、发展趋势、社会意义等作出分析和评价。

述评消息是边叙边议、评述结合的消息类型,它介于消息和新闻评论之间。它常用以分析形势,或针对某种思想倾向,或对实际工作有普遍意义的重要问题,或为公众普遍关心的社会问题,揭示事物的本质及其发展规律和方向,给读者以启迪。虽然从文字数量看,仍是述多于评,但从展现内容看,则是评重于述,所以,述评消息具有很强的评论色彩。通常有事件述评、问题述评、形势述评、事态述评、思想述评、工作述评等。

四、消息的结构与写法

一般而言,消息由标题、消息头、导语、主体、背景、结尾六部分组成。

1. 标题

标题被称为"新闻的眼睛",是消息内容的基本概括或主要精神。

(1) 标题的作用

① 标题在版面编排上具有独特的优势。

② 标题是对新闻内容最好的标示。

③ 标题具有引导和吸引读者阅读的作用。

④ 展示新闻立场、观点。

⑤ 组织、美化版面。

(2) 标题的组成　一般文章通常只有一个标题,有时加个副题。而消息常用多行标题,有正题、引题和副题之分。

① 正题,也叫主题、母题或大标题,是标题的骨干和核心,正题标在中间,字形最大,是一则消息中最主要的内容概括与说明。

② 引题,也叫肩题、眉题,标在正题前面作为前奏,起交代背景、烘托气氛、说明原因、揭示意义以及引出正题等作用。引题文字宜简洁,最好不要超过一行,否则,喧宾夺主,不利于主题的突出。

③ 副题,也叫次题、辅题或子题,标在正题之下作为补充,进一步说明消息的主要内容,或用以披露消息中某些重要、具体的细节,弥补正题的不足。

(3) 标题的类型　消息标题的形式有单行式和多行式。

① 单行式标题,即只用一个标题概括消息的主要内容。

② 多行式标题,即标题由引题、正题和副题组成。

多行式标题可以引题、正题、副题俱全，如：

经贸部负责人发表谈话（引题）

希望海峡两岸实现直接贸易（正题）

愿与台经贸主管部门接触协商解决双方贸易中问题（副题）

也可以采用引题加正题的形式，即采用引主式标题的形式，如：

夕阳无限好　何怅近黄昏（引题）

广州老年人生活丰富多彩（正题）《人民日报》

也可以采用正副式标题形式，如：

大庆30吨乙烯工程通过验收（正题）

将于明年元旦正式投产（副题）《人民日报》

2. 消息头

媒体上刊发的消息，其开头部分往往冠以"本报讯"或"××社××地×月×日电"的字样，以这种方式表明消息稿发出的单位、地点、时间、记者姓名等内容，这就是"消息头"，也叫"电头"。

消息头是表明消息来源的文字，也是版权所有的标志。消息头加括号或以显著字体标出，置于开头。如"新华网北京8月15日电"。

消息头有"电"和"讯"两类。消息头可以使读者将消息与其他新闻体裁区别开来。

① "本报讯"：报社自己的记者或通讯员采写的稿件。

② "通讯社"：以电报、电传、电话等方式发稿。如：

美联社华盛顿3月10日电

③ 有些报道重大事件、主观色彩浓的消息或名记者写的稿件，有时要署上记者的名字。如：

新华社上海2月11日电（记者　黄庭钧）

3. 导语

导语是消息开头的第一句话或第一个自然段，它用最精粹的文字，简明扼要地将消息中最重要、最新鲜、最有价值的事实表述出来。导语是消息体裁所特有的。

《美联社写作手册》规定，一条普通导语的最低要求：

一要告诉读者消息的主要内容，导语必须提供消息。二要抓住读者，吸引他们读下去。三要在需要制造气氛的时候制造气氛。

导语有以下几种写法：

（1）概述式　概述式是用叙述的方法，简明扼要地写出消息中最主要最新鲜的事实，这是导语最常见的写法。

(2) 描写式　描写式是对消息中的主要人和事，或事物某一侧面，作简要的描述，以引出报道的内容，吸引读者阅读。如：

莫汉·拉尔是一个6岁的男孩，大肚子，害羞地笑着。他说他吃不饱，可能从来没吃饱过。他喝沟里的脏水，光着身子，从未看见过医院、浴室，也从未看见过一块肥皂和一个医生。

使专家们绝望的是，这就是真正的印度——在成千上万的印度村庄里，数以百万计的孩子都像莫汉·拉尔这个样。（译自1979年2月7日美国《纽约时报》）

(3) 提问式　提问式就是用提问题的方式引出消息中的主要事实，以引起读者的关心和注意。如：

一吨重的月饼你见过吗？你吃过吗？临近中秋节，在××市×××超市，每天有将近5万人能一睹这个大月饼的风采。

(4) 评议式　开头就发表评论，使消息事实的意义更加明确，或把事物的结论写在开头，揭示事物的意义和目的。如：

本报讯　省政府日前推出经营城市的重大举措——放开市政公用行业市场。此前，省政府已就实施经营城市战略、加快城镇化进程、经营城市土地资源分别制定了政策，此次《关于加快市政公用行业改革和发展的意见》的出台，标志着我省经营城市战略已形成完整政策体系。

(5) 谈话式　直接把读者称呼为"你"，缩短了记者与读者之间的距离。

(6) 引语式　引用一两句新闻人物重要的讲话或精当的俗语、诗歌，借以概括地表达出新闻事实或揭示主题。

(7) 对话式　采取对话问答形式采写的导语。

(8) 对比式　利用同一事物或具有可比性的事物进行两相对比。

(9) 感叹式　以感叹的口气直抒胸臆，引起读者的关注。

4. 主体

主体是消息的主干部分，它紧接导语之后，用充分具体的事实材料对导语中叙述的新闻事实作具体全面的阐述，进一步突出消息的中心，表现消息的主题思想。

主体的结构方式有以下几种：

① 按照时间顺序安排结构。根据事件发生的先后按时间排列，其优点是可以使读者对某一事件的全过程有一个鲜明的印象。

② 按照逻辑顺序安排结构。按照事物的内在联系或问题的逻辑关系来安排层次。逻辑关系有主次关系、因果关系、总分关系、并列关系、点面关系等。

③ 将时间顺序和逻辑顺序结合起来安排结构。

主体部分写作应该注意：

① 突出主干。消息主体部分，贵在突出主干，去头绪，减枝蔓。因为消息的主体要靠材料去表现，所以恰当的材料是突出主干的关键，与主题无关的材料都要割舍。

② 内容充实，阐明主题。主体写作应与导语前后呼应，内容一致，对每一个层次都要力求做到观点与材料的统一。要学会透过材料提炼小观点，材料安排要做到点面结合，这样才能使内容充实，主题得到透彻的说明。

③ 通俗易懂，生动耐看。消息的内容要求具体、准确、生动。消息的语言基本是朴实生动的叙述性语言，有某些描写、抒情等文学笔调和引申、概括、推理等论证性语言。

5. 背景

背景是指事件发生的历史条件、特定的环境，与其他人、事、物之间的联系等相关材料。它是为充实内容，烘托和突出主题服务的。

背景既可在主体部分出现，也可在导语或结尾部分出现，位置不固定。

当然，并非每则消息都要介绍背景。只有当背景材料有利于突出消息的主要事实，能够烘托并深化消息的主题的时候，才有运用的必要。有些新闻事实本身简洁明了，一清二楚，也就不必再介绍背景。

背景材料一般有三类：一是对比材料，即对事物进行前后、正反的比较对照，以突出事件的重要性；二是说明性材料，即介绍政治背景、地理位置、历史演变、生产面貌、物质条件等；三是诠释性材料，即人物生平的说明，专业术语的介绍，历史典故的解释等，以帮助读者理解消息的内容。

6. 结尾

结尾就是消息的最后一段或最后一句话。一篇好的消息，要有一个好的结尾，并常与导语呼应，起着收束全篇、升华主题的作用。

消息结尾的具体写法多种多样，常见的结尾有小结式、号召式、评论式、激励式等。无论哪种写法，都应注意宜实不宜虚，避免和导语、主体重复，力求精练。

1. 消息有哪些种类？各有什么特点？
2. 消息在结构上的各部分怎么写？

第二节 计 划

李×是红旗村新任妇女主任，为了做好2016年妇女工作，她根据2015年的工作情况和本村的工作目标和实际情况，制订了2016年的工作计划。

你会拟制计划吗？制订计划需要注意什么问题？

实例阅读

【例文】

××村××××年度工作计划

××××年，我村将继续按照镇党委政府的整体部署，做好本村工作，坚持以人为本，以"为村民服务"为宗旨，加强自身建设，努力提升工作水平，认真贯彻落实十六届五中全会提出的"生产发展，生活富裕，乡风文明，村容整洁，管理民主"的社会主义新农村建设要求和十七届三中全会精神，依靠全村党员和村民，进一步解放思想，实事求是，与时俱进，为建设社会主义新农村而努力。据此，结合我村实际，制订以下工作计划：

一、大力抓好村党建工作

（一）继续抓好党建工作，坚持共同学习、共同提高的理念，定期召开全体党员会议，加强党员素质与干部综合能力的培训，认真贯彻落实好"十八大"会议精神。不断吸收文化程度高、素质高、水平高的优秀青年加入党的队伍，充实支部后备力量。

（二）加强高素质干部队伍建设，加强党组织建设。做好党员干部培训工作，继续深入开展各种专题学习活动。深入学习贯彻党的十八届四中全会精神，组织广大党员通过各种途径学习，扎实开展学习，引导党员干部准确把握科学发展观、构建社会主义和谐社会、法治社会等党的重大战略部署。贯彻从严治党的方针，加强对党员的教育管理，落实科学发展观，不断推进农村党员设岗定责，吸收、培养、拟发展两名先进青年入党，推进村干部述职述廉制度，提高村党支部的凝聚力和战斗力，不断发挥党员的先锋模范作用，用实际行动带领全村人民走共同富裕之路。

二、完善村级服务，促进村级全面发展

（一）加强环境卫生工作。搞好全村的环境卫生，是一项合民心、顺民意、使人民群众安居乐业的重要工作，也是改善居民生活质量、塑造新农村新农民形象的一项重要举措。加强辖区日常生活垃圾清扫清运工作，建立垃圾统一存放点，培养村民环境卫生意识，积极争取政府投入，加强卫生设施建设。

（二）加大治安管理。良好的治安环境是建设和谐村庄以及社会稳定的基本保障。我村建立村治安联防体系，组建村巡逻队，定期进行巡查。建立由村干部、党员、居民代表等组成的社会治安信息员队伍，形成覆盖全体村民的社会治安信息网络，健全社情民意定期报告制度和汇集分析制度。

（三）进一步加强村基础建设。预计投资12万元对我村消防池进行维修改造，目前已动工；投资10万元对我村境内进行亮化工程建设；争取专项资金对本村部进行改造或是维修。

（四）提高服务质量。村居委会是城市基层群众性自治组织，是党和政府与居民群众联系的桥梁和纽带。宣传贯彻党的方针、政策，协助政府部门做好社会工作是我们村工作的基本要求和最终目的。我村建立和完善各种服务制度和社会体系，不断拓宽服务领域，提升服务水平。以服务村民为宗旨，以助残帮困服务为侧重点多方位地开展工作。

（五）搭建全方位、广覆盖的计划生育优质服务体系。深入开展计划生育优质服务，充分发挥计生协会作用，着重加强对流动人口的教育、管理、服务工作。

三、村民增收工作

（一）鼓励村民扩大生产规模，积极帮助村民协调贷款种植养殖项目，转移剩余劳动力，为村民增收。

（二）健全合作社各项制度，鼓励有条件的农户实行土地流转，合理分配劳动力。

四、其他方面的工作

（一）加大农田水利建设力度，确保旱季灌溉到位。

（二）加大合作医疗基金收取力度，参保率力争超98%。

（三）计划生育工作常抓不懈，重点加强外来人员和重点户的管理，对避孕节育对象做好随访服务工作。

（四）完成上级下达的其他工作。

总之，××××年度我村将围绕乡党委政府的工作部署，结合本村工作实际，注重建组织、强队伍、担责任，为广大村民办实事、做好服务，推动××村工作再上新台阶。

××村委（章）
××××年×月×日

一、计划的概念

计划是为完成一定时期的工作而事前拟订目标任务、措施步骤和要求的事务文书。

计划，使用频率很高。常见的安排、打算、规划、设想、要点、方案等都属于计划的范畴，只是由于内容和成熟程度不同而选用了不同的名称。计划对整个工作有着重要的指导、推动和保证作用，制订计划也是一种科学的预见。

二、计划的特点

1. 预想性

计划的预想性是其他应用文体所不具有的。制订计划需要进行调查研究，如上一阶段的工作情况怎样、实施计划的内部条件和外部环境如何等，并以此为依据确定工作目标、具体做法及实施步骤。但由于计划毕竟是对未来工作的设想，对可能遇到的新情况以及实施步骤、完成时间，都难以完全预想得到，因此，计划不能定得过死，要留有余地，在实施过程中一旦发现与实际有不符的地方，或出现新情况，便需做出切合实际的修改。

2. 指导性

计划一旦成文，就对实践起一种指导和约束作用。制订计划，是为了克服工作盲目性。从应用上说，计划有上级下发的计划和单位自行制订的计划。上级下发的计划，勾勒发展蓝图，明确工作目标，提出步骤措施，目的是指导所属单位，使其不至于盲目冒进或偏离工作方向，能始终朝着既定目标去做。而本单位制订的计划，目的也在于控制方向、规模、速度，使任务能保质、保量地按时完成。

3. 可操作性

再好的计划也只有能付诸实施才有价值，因此，计划必须定得具体明确，切实可行，符合实际。目标定得过高，无法实现和完成；定得过低，计划又无法起指导、激励作用。计划的步骤、措施、要求、时限不但要写得具体、细致，还要便于检查督促和对照落实。离开实践或操作性差的计划，将是毫无价值的一纸空文。

三、计划的种类

1. 按照不同的标准分类

（1）按性质分　有综合计划、专项计划等。

（2）按内容分　有工作计划、生产计划、学习计划、科研计划等。

（3）按范围分　有国家计划、单位计划、部门计划、科室计划、班组计划、个人计划等。

（4）按时间分　有长期计划、年度计划、季度计划、月计划等。

（5）按形式分　有条文式计划、表格式计划和文表结合式计划等。

2. 根据计划的性质、范围、作用等分类

（1）规划　是范围较广、内容较概括及时间较长的长远计划，如《××市城市发展十年规划》。

（2）方案　是对某项比较重要的工作，从目的、要求和措施办法到总体进度作全面安排的计划，如《××局五年发展规划总体方案》。

（3）安排　是对短期内某项工作进行具体布置的计划，如《××学校2014～2015年度第一学期的工作安排》。

（4）设想　是初步的、尚未成熟的或比较粗略的长远计划，如《关于机构改革的初步设想》。

（5）打算　是对短期内的某项工作的要点式计划，如《××学院秋季校运会的打算》。

（6）要点　是对某一时期的工作任务作原则性的指导，并提出具体要求及主要措施，如《教育部2012年工作要点》。

四、计划的写法

计划一般由标题、正文、落款三部分组成。

1. 标题

计划的标题一般由单位名称、期限、计划内容和文种组成，如《××公司××××年度工作计划》。有时可根据具体情况省略标题中的某些要素，或省略单位名称，或省略时限。如《××××年大学生就业工作计划》，省略单位名称；《××商场接待方案》省略了时限。

如果计划还需要讨论通过，应在标题后或下一行用括号注明"草案""初稿""讨论稿"等字样。

2. 正文

计划的正文一般包括前言、主体和结尾三部分。

（1）前言 前言一般是概述制订计划的指导思想、依据或背景，即说明"为什么做"的问题。前言是计划的纲领，是导语，不易作过多的阐述，点到即止。

（2）主体 这是计划的重点部分，一般包括目标任务、措施步骤等内容，即要说明"做什么""怎么做"的问题。

① 目标任务，即给实施的工作定下指标，从数量、质量和时间上提出的具体要求，要具体明确、切合实际。因此，要交代清楚在什么时间内，完成哪些任务，实现什么目标。

② 措施步骤，措施是完成任务或实现目标而采取的办法，步骤是从时间上把工作的进程加以安排，这部分要说明任务的分工，采取的措施，时间进度等。每项内容要具体、落实，才能保证计划有条不紊地执行。

（3）结尾 这一部分可展望计划实施的前景，表达决心或发出号召，提出希望和要求等。也有的计划没有结尾，主体部分写完就自然结束。

3. 落款

写明计划制订者的名称和具体日期。

思考题

1. 计划有哪些种类？
2. 计划的标题一般包括哪几部分？
3. 计划的正文包括哪三部分？

第三节 总　　结

情境导入

李××是红旗村新任妇女主任，在即将过去的××××年里，顺利完成了各项工作，取得了较大的成绩，积累了很多工作经验，同时也有一些工作上的失误和不足，她要认真地进行总结以便做好新的一年的妇女工作。

李××将怎样拟制她的工作总结呢？

【例文】

××××年××村支部委员会工作总结

××××年，在上级党委政府的正确领导下，以党的十八大精神为指引，坚持"重点工作求突破、中心工作抓主动，常规工作讲实效"的工作方针，对照年初制订的各项目标和任务，经过支部和全体党员的共同努力，同心同德的真抓实干，促进了全村经济社会全面协调发展，回顾一年来所做的工作总结如下：

一、坚持党员学习制度，抓好基层队伍建设

今年是深入学习"十八大"精神，贯彻落实十八届三中、四中全会精神的关键之年，为了丰富党员的学习内容，保证学习质量，确保学习效果，支部组织全体党员开展了形式多样的学习活动，采取常规教育学习和电化教育学习的形式。

（一）组织党员继续深入学习十八届四中全会精神，深刻领会四中全会提出的新任务、新目标、新使命，用全新的理论武装全体党员的头脑，不断提高党员的理论水平和自身素质的提升，使每个党员在不同岗位上发挥着重要作用。

（二）开展一次革命历史教育，在"七一"前夕，组织全体党员外出参观学习。使全体党员再次接受了一次革命历史教育，通过这次活动，进一步了解了在极其艰难困苦的条件下，坚持斗争浴血备战，领导全国人民解除内忧外患，建立新中国的光辉战斗历程。从而更加激发了广大党员的爱国热情，加深了理想信念的认识，增加了党支部的凝聚力和向心力。

（三）抓好队伍建设，发展和培养新鲜血液，在发展上坚持标准，严格把握发展质量，坚持做到"一测评、二公示"制度，接受党内外群众监督。今年3名积极分子已按期转为预备党员，4名预备党员按期转正，使我村的党员队伍不断壮大。

二、抓好党风廉政建设，争做勤廉好干部

在抓党风促廉政的活动中，对照党委、政府的廉政建设责任书，以"三个代表"重要思想为指导，切实转变工作作风为重点，建立健全廉政建设目标管理责任制度，提高执政为民的思想意识，坚持做到勤政廉洁，依法办事。健全个人廉政自律自述机制，加强民众监督制度。做到村务、财务公开制度化。在廉政自律上结合民主生活会，对照廉政建设责任书的要求，开展批评和自我批评，以提高克服缺点的勇气，增强自身抗腐拒变的能力，使全体党员干部在勤政廉洁、拒腐倡廉中起到了表率作用。

三、抓好民心工程，为民办好实事

（一）抓好村组二级财务公开和民主理财制度，全村八个村民小组全面通过民主理财和财务公开，没有因经济和分配问题发生矛盾，受到了村民的一致认可。

（二）抓好社会事业工程，解决群众关心的实际问题，特别是群众关心的饮水问题。在村委和自来水公司的配合协调下，筹资30余万元，对一组和二组两个村民小组300多户全面进行了自来水改造。到目前，全村已百分之百用上了清洁卫生的自来水，受到村民的一致好评。

（三）稳定农村医疗保险和农民养老保险工作，增强村民因病致贫的抗风险能力以及老有所养的后顾之忧，参加农村合作医疗率为90%以上。在去年为820多名失地农民办理了养老保险的基础上，今年又办理了新型农村养老保险495人，有效地改善了村民的养老问题。

四、中心工作抓突破、条件工作创业绩

（一）突出重点配合镇政府做好中心工作，拆迁征地工作面广量大，由于时间紧、任务重、要求高，支部和村委团结一致分工合作，妥善处理解决在拆迁中的各类矛盾。

（二）着力推进社会主义新农村建设，提升和优化农村居住环境。

（三）继续发挥村计划生育工作的职能，健全计划生育的信息网络管理，提升计划生育服务功能，对服务对象进行有效的跟踪服务。并加强对外地流动人口的服务与管理，定期做好农村妇女病的检查和防治，关心妇女的身心健康，积极做好妇女重大疾病的保险和独生子女父母的奖励政策，确保了全村计划生育各项指标的完成。

（四）土地管理工作坚持依法管理，严禁乱占滥用土地。建房工作以镇政府建设办的规划要求严格审批制度，坚决制止无证建房，使违章建房得到了有效的制止。

（五）稳定农业生产大力发展多种经营，近年来由于建设需要，征地面积较多，耕地面积相对减少。在稳定传统农业的基础上，积极提倡产业结构调整，扩展经济型特色农业的发展，目前已有果树、香葱等经济作物400多亩，为增加农民收入起到了积极的作用。

回顾一年来的工作，虽然取得了一些成绩，但与党和人民的愿望还有差距，在明年的工作中将进一步以追求发展的眼光、创新思路、改进工作作风，争取在各项工作中取得更大的成绩。

××村支部委员会
××××年×月×日

一、总结的概念

总结是单位或个人对过去一段时间内的工作、学习或思想进行回顾、检查、分析，从中找出成绩与问题、经验与教训，作出指导性结论，并使之条理化、系统化的一种事务文书。我们常说的"小结""体会"，实际上也是总结，但涉及范围较小，内容比较简单。总结在现实工作中应用范围很广、使用频率很高。

二、总结的种类

根据不同的标准，把总结划分成不同的类型。

（1）按内容划分　可以分为工作总结、学习总结、思想总结、生产总结等。

（2）按时间划分　可以分为年度总结、季度总结、月份总结、阶段总结等。

（3）按范围划分　可以分为系统总结、单位总结、班组总结、个人总结等。

（4）按功能划分　可以分为汇报性总结和经验性总结。

（5）从总结内容的涵盖面看　还可以分为综合性总结和专题性总结。

① 综合性总结，是单位、部门或个人对一定时期内各方面工作的全面总结。这类总结涉及面广、内容详细，能够展现以往工作的全貌，既包括工作开展的基本情况、经验和体会，也包括工作中存在的问题、不足和今后的努力方向。综合性总结主要用以向上级单位汇报工作和指导本单位或个人的工作实践。

② 专题性总结，是单位或个人就某项具体工作或专项活动进行的总结。这类总结内容单一、具体，并且多数情况下以总结典型经验、做法为主。因此这类总结现实针对性强，富有指导意义，在实际工作中也比较常见。

三、总结的特点

1. 回顾性

总结是对已经过去的一定时间段内的工作进行回顾、检查和研究，看到成绩与经验，找出不足与教训，用以指导以后的工作。总结是在事后进行的。

2. 客观性

总结是对过去确实发生过的事情进行回顾、分析，因此它必须以客观事实为依据，真实地、客观地分析情况，一切从实际出发，绝不可歪曲甚至篡改事实。只有在客观事实基础上总结出的经验和教训，才是真正有规律性的东西，才具有指导工作的意义和价值。

3. 指导性

总结的目的不是留恋怀旧，也不是陶醉于过去的成绩成就中，而是通过对过去工作的回顾，找出经验，发现不足，从中总结出有规律性的东西，用以指导今后的工作实践，这是总结的出发点和归宿，因此，指导性是总结的最主要的特点。

4. 理论性

既然总结的目的在于指导工作，那么总结的内容就不能是对工作事实、成绩的堆砌，对有关材料、数据的简单罗列，而是要上升到一定的高度，对大量的工作材料进行分析思考，从感性认识上升到理性认识，体现出规律性和理论性，从而指导今后的工作。

四、总结的作用

1. 有利于提高认识水平

总结有利于检验指导思想或方针、政策的正确性和落实情况,实现从感性到理性、从实践到理论的飞跃,提高思想认识。

2. 有利于提高决策水平

通过总结,可以从中提取经验,吸取教训,明确方向,为领导层决策提供参考和依据,提高决策水平,指导今后工作。

3. 有利于沟通交流

通过总结,有利于上下级单位间相互沟通,统一认识,促进工作;也有利于不同单位间增进了解,肯定成绩,找出差距,交流经验,取长补短,以期共同提高。

五、总结的写法

总结一般可分为标题、正文、落款三部分。

1. 标题

总结的标题根据内容范围、目的的不同,可分为以下两种形式。

(1) 公文式标题　这类标题一般由单位名称、时限、内容和文种组成,如《××公路管理局2010年党建工作总结》。也可以根据情况有所删减,或由单位名称、内容和文种组成,或由内容和文种组成,如《仓库管理员工作总结》。这种标题形式庄重、醒目,适合于综合性和专题性工作总结。

(2) 文章式标题　常用的有单标题和双标题两种。

① 单标题,往往直接概括总结的内容,鲜明地表现出总结的主题,如《坚持向财务管理要效益》《围绕产品特点搞好结构调整》,这种标题形象、扼要,适合于经验性总结。

② 双标题,由正题和副题组成,正题一般揭示总结的内容,点明观点,突出主题,副题一般补充说明单位名称、时限、内容及文种,如《适应新形势,研究新情况,解决新问题——××市信访办公室××××年工作总结》《挖潜力、促效益、补损失——××厂××××年工作总结》,这种标题全面、形象,适合于经验性总结和内容有特点的工作总结。

2. 正文

总结的正文一般包括基本情况概述,成绩、做法、经验和体会,存在的问题、不足和今后打算、努力方向几部分内容。

（1）基本情况概述　这一部分概括叙述工作的基本情况，包括工作开展的背景、内外部环境、主客观条件、总结的时限和范围、成绩以及对工作情况的总体评价等。并不是每篇总结对这几方面都要面面俱到，可以根据总结的内容有所侧重，但要实事求是、中肯贴切、简洁精练。这是总结的引言、总提，起着开宗明义、提纲挈领的重要作用。

（2）成绩、做法、经验和体会　这是总结的主体部分，需要结合充分的事实、典型的材料和确凿的数据，具体详细地阐述工作所取得的成绩、采取的主要措施和做法，以及实际工作中的切身体会和具有典型意义的经验。由于总结的角度和侧重点不同，这一部分的具体内容和结构安排差别比较大。总的来说，有以下几种主要形式。

① 以成绩为纲，首先把工作成绩分成几个方面，按主次轻重排列，然后具体介绍所采取的措施、主要做法，最后写体会。这种写法比较适合专题性总结的写作。

② 以工作为纲，首先把工作分成几个方面，然后在每项工作中，结合具体事实分析工作是如何开展的，包括曾经面临的形势、遇到的困难和采取的主要措施，写明所取得的成绩，最后再写体会。这种写法常用于综合性总结。

③ 以经验、体会为纲，这种写法是把总结的经验或体会分条列项，把成绩、做法融入其中。常用于经验性总结的写作。这一部分内容涉及面广，时间跨度大，无论采用哪一种写法，既要做到条理清楚、逻辑严密，又要实事求是、事理结合；既要立足全局、高屋建瓴，又要精微细致、解剖麻雀。

（3）存在的问题、不足和今后打算、努力方向　除经验性总结外，一般总结在阐述了成绩、做法、经验和体会后，还要指出工作中存在的问题和不足，提出改进的措施，明确今后的努力方向和打算。这一部分内容虽不需要十分详细，但要具体实在，切不可笼统抽象、敷衍了事，做表面文章。

3. 落款

落款位于正文右下方，包括单位名称和成文日期。如果标题中已有单位名称，可只写明成文日期即可。

六、总结的写作要求

1. 做好材料的积累

"巧妇难为无米之炊"，对于写作总结来说，如果不能充分地积累、占有材料，作者就会陷入"无米之炊"的困境。因为材料是作者分析研究问题的基础和前提。只有占有了大量的、有代表性的材料，作者才能全面、正确、深刻地揭示出经验、教训等"有规律性的东西"，为今后的工作实践指明方向。否则，作者就会脱离实际，摆架子，做样子，闭门造车，分析问题隔靴搔痒，阐述观点见解肤浅，展望未来目光狭隘，甚至以空洞虚假的、错误有害的所谓的"规律"把未来的工作实践引入歧途。因此作者在写作总结之前，一定要深入实际调查研究，积累和占有丰富的材料。可以通过工作计划、会议记录、有关的公文、工作日记、大事记等途径积累材料。在积累材料的过程中，既要有文字材料，又要有数字材料；既要有概括的"面"上的材料，又要有具体的"点"上的材料；既要有实际工作的材料，又要有工作背景的材料。

2. 突出重点，写出特点

写总结一定要结合本单位的实际情况，总结出新鲜的、反映单位特点和个性的经验和教训。有些总结，观点浮泛，见解一般，面貌雷同，除了单位名称和具体数字外，几乎一模一样。即便是同一单位的总结，除了日期以外，也基本上年年相似，岁岁雷同。这样的总结对实际工作还有什么指导意义呢？造成这种现象的原因是多方面的，或是目的不明确，或是材料不充分，或是其他原因，但最主要的还是重点不突出，特点不鲜明。要解决这一问题，首先从结构的安排、材料的选择、叙述的详略上突出重点和主要工作。从重点和主要工作的全过程，包括部署工作的指导思想、目标、措施和步骤，以及最终的实施结果和效果，分析工作所取得的成绩，总结取得成绩的经验和体会。其次对做的比较出色的、有特点的、有深刻认识和体会的工作，要写出独到的经验和体会。

3. 观点、材料相统一

写总结既不是甲乙丙丁、一二三四般地罗列材料，也不是蜻蜓点水、天马行空似的大发议论，而是把观点和材料统一起来、结合起来，以观点统率材料，以材料说明观点。在工作中取得了什么成绩？有什么体会？有哪些教训？总结不是干巴巴地概括出这些内容，而要以典型、准确、生动的事实和严密的逻辑推理来说明每项成绩是怎么取得的，为什么有这些体会，教训是怎么得来的，只有这样，读者才能从中受到启发，总结才能有说服力，才能对今后工作有指导意义。

思考题

1. 总结的双标题怎么写？
2. 总结的正文一般包括哪些内容？

第四节 调查报告

情境导入

近年来,随着各地外出务工的农民越来越多,广大农民的生产生活和农村经济建设等受到了很大的影响和冲击,出现了一系列问题,比如农村劳动力不足问题、留守儿童问题、农村老人的生活问题等。

你能针对这种社会现象或其中一个问题,通过多方面调查,写一份调查报告吗?

实例阅读

【例文】

全国农村留守儿童状况调查报告

××××年5月,中国青少年研究中心组织实施了"全国农村留守儿童状况调查",调查在河南省、安徽省、湖南省、江西省、重庆市、贵州省等6个劳务输出大省(直辖市)的12个县(市、区)进行,共调查四至九年级农村留守儿童4533人(占61.7%)、非留守儿童2731人(占37.2%)、教师687人、校长42人。

一、总体情况

本次调查发现,留守儿童总体上形成了比较积极的价值观,对未来怀有希望,向往城市生活,家庭关系良好。有92.1%的留守儿童为自己是中国人感到自豪,91.9%对自己生活在中国感到满意;有82.4%的留守儿童对未来抱有希望,77.7%希望以后在城市生活;有90.2%的留守儿童与母亲关系很好,89.4%与父亲关系很好,大多数留守儿童将母亲视为最重要的支持来源。

二、成长中的九个突出问题

1. 留守儿童的意外伤害凸显

在过去一年中,有49.2%的留守儿童遭遇过意外伤害,比非留守儿童高7.9个百分点,遭遇割伤、烧伤烫伤、被猫狗抓伤咬伤、坠落摔伤和蛇虫咬伤、车祸、溺水、触电、中毒、火灾、自然灾害等各种意外伤害的留守儿童比例都高于非留守儿童,其中前四项分别高5.3、1.6、3.9和

3.1个百分点。

9. 母亲外出的留守儿童整体状况欠佳

父母都在外地的留守儿童最多，占51.7%，其次是父亲外出的，占40.2%，母亲外出的最少，占8.1%，但母亲外出的留守儿童在各个方面的问题最突出。他们生活习惯更差，网络不良行为更多，意外伤害更多，对留守生活的负面体验也更高；学校表现更糟糕，遭受欺负的比例更高；在自我接纳和人际交往方面，母亲外出的留守儿童表现矛盾，他们觉得自己更有用，同时也觉得别人比自己运气好；他们觉得自己更受人欢迎，但不愿意和别人谈话聊天；他们认为自己的好朋友更多，但无助感最强。

母亲外出的留守儿童虽然面临学习生活中的重重困难，对现在生活的满意度最低，但他们没有放弃对自己和生活的信心，仍旧表现得积极向上，他们中有94.4%希望自己成为一个更好的人，比父亲外出的高2个百分点；有87.8%对未来怀有希望，比父母外出的高6.3个百分点。

三、对策建议

1. 健全关爱留守儿童的法律和政策体系，立法保障亲子团聚、早期教育、家庭教育指导。

2. 完善监护制度和国家救助体系，强化父母法定监护责任，探索有偿代理监护制度，加快完善国家监护和救助体系。

3. 强化政府的主导作用，建立领导协调机制，搭建工作平台，统筹经费保障机制，制定并提供学校留守儿童关爱工作流程及规范。

4. 构建全方位的留守儿童教育保护网络，加强农村寄宿制学校的配套设施建设，加强对民办学校的支持和监管，在留守儿童集中的社区建立关爱服务阵地，建立农村留守儿童安全保护预警与应急机制。

5. 充分发挥群团组织和专业社会工作者的作用，积极探索共青团统筹、团属组织联动、青年社会组织合作的工作体系，建立帮扶活动的长效机制，着力发挥专业社会工作者在留守儿童服务中的作用。

6. 注重满足不同类型留守儿童的多样化需求，考虑性别、年龄段及监护类型不同的留守儿童的特点。

7. 通过吸引外出农民工返乡就业创业以及鼓励、支持和帮助有条件的外出农民工带着子女举家进城，从根本上减少留守儿童的数量。

必备知识

一、调查报告的概念

调查报告是根据特定的意图和目的，对客观事物和社会问题进行深入调查和认真分析研究之后，写成的揭示事物本质、规律的书面材料。

调查报告是机关、企事业单位工作中使用频率较高的一种应用文体，像我们经常见到的考察报告、调查综述、调查记、调查、调查汇报、情况调查、信访调查等，都属于调查报告的范畴。此外，调查报告也是报刊上常见的新闻体裁之一。

二、调查报告的种类

1. 根据调查报告的内容范围分类

根据调查报告的内容范围，调查报告可分为综合调查报告和专题调查报告。

（1）综合调查报告　所谓综合调查报告，就是围绕一个中心问题，对某一单位、地区或系统，或某一涉及面较广的事项进行多方面的调查取材，在此基础上分析研究、整理撰写而成的调查报告。这种调查报告课题重大，涉及面广，在实际工作中对上级部门制定方针政策有重要的参考作用。

（2）专题调查报告　所谓专题调查报告，就是对一项工作、一个事件或一种社会现象进行专项调查研究后写成的调查报告。这种调查报告内容具体单一，涉及范围小，更贴近工作实际，往往适合对当前迫切需要了解、解决的问题和事项的调查。

2. 根据调查报告内容性质的不同分类

根据调查报告内容性质的不同，调查报告可分为介绍经验的调查报告、揭露问题的调查报告、反映情况的调查报告。

（1）介绍经验的调查报告　这种调查报告主要介绍具有普遍指导意义的典型经验，为有关部门提供具体的经验、做法，以推动整个工作的全面开展。

（2）揭露问题的调查报告　这种调查报告主要是揭示实际工作中的缺点、失误和违背党的方针政策、违反党纪国法的行为，以及社会生活中的不良现象和倾向。其目的是通过大量的事实，归纳教训，揭示问题产生的根源，提出相应的解决方案，以引起有关部门的重视和全社会的关注。

（3）反映情况的调查报告　所谓反映情况的调查报告，一是指反映工作情况的调查报告；二是指反映社会新生事物的调查报告。前者针对某项工作的现状或群众普遍关心的热点问题、关系国计民生的重大问题进行深入调查和分析研究后，提出建议，为领导机关、决策部门了解情况、研究问题、制定和修改有关政策、采取相应措施提供依据。后者是对社会生活中出现的新生事物的产生背景、原因、发展过程和规律，以及它的存在意义、影响和发展前途进行调查分析后写成的。其主要意义是帮助人们提高认识，树立对新生事物的正确态度，在实际生活中采取正当的行动。

三、调查报告的特点

1. 针对性

调查报告是一种针对性很强的文体，这主要体现在调查意图、目的的针对性和调查对象的特定性。我们衡量一篇调查报告价值的大小，主要看它是否反映了党和国家的路线、方针、政策的贯彻执行情况，是否准确地抓住了当前工作中迫切需要解决的问题，是否有利于各项工作的深入开展。针对性越强，反映问题就越典型，内容就越符合实际工作需要，这样的调查报告价值就越大。因此，写作调查报告必须从工作的实际需要出发，明确调查目的，选择有代表性的事物，进行深入调查和分析研究。只有这样才能充分发挥调查报告的作用。

2. 真实性

调查报告来自现实生活，是在对客观事实深入调查的基础上产生的。无论是总结推广典型经验、揭露问题本质根源，还是反映基本情况，调查报告都必须从客观实际出发，以真人实事为依托，通过对事实材料的分析研究，得出正确的结论。也就是说，真实性是调查报告的生命，是调查报告的价值和意义之所在。偏离了真实性这一基础，任何貌似深刻的结论都是没有说服力的，站不住脚的。

3. 深刻性

调查报告的意义和价值不仅仅体现在它对客观事物的真实反映上，更主要的是它深刻地揭示了事物的内在本质，概括了事物的发展规律，发掘出了一些深层次的矛盾，帮助人们从个别中找出一般，从偶然中发现必然，透过现象看本质。所以写作调查报告，不能停留在对客观事实的一般性描述上，还要上升到理论层面，对情况进行深刻的分析研究，得出符合客观实际的观点、结论。

四、调查报告与工作总结的异同点

1. 共同点

都必须依据党的方针、政策总结经验，它们都要从事实出发，反映事物的基本面貌和发展过程，概括出规律性的东西，指导今后的实践，具有较强的政策性和思想性；都必须运用典型材料说明观点，具有较强的客观性、针对性和指导性；在写作表达方式上，都使用叙议结合的综合表达方式，叙述的要求和方法也相同。

2. 不同点

（1）范围不同　调查报告应用范围广，可以涉及历史、现状，反映有一定意义的社会现实，揭露问题、评价事物、介绍经验。总结只限于反映本单位、本部门已完成的工作，着眼于指导今后的实践活动。

（2）写作时限不同　调查报告一般没有具体的工作进程和时间的严格限制，可根据需要进行调查写作。总结受工作进程和时间的限制，一般都是在工作、任务告一段落或全部完成之后写作。

（3）使用人称不同　调查报告往往是上级机关或有关方面在进行调查研究的基础上写成的，一般用第三人称。总结大都是本单位、本部门或个人写的，一般用第一人称。

五、调查报告的写法

调查报告一般由标题、正文和落款三部分组成。

1. 标题

调查报告的标题一般有两种写法。

（1）公文式标题　公文式标题，由调查对象、主要内容和文种组成，使人一目了然，如《××市委关于2014年度党员教育工作情况的调查报告》。也可省略了调查单位的名称，如《高校选调生到农村和社区工作情况调查报告》。

（2）文章式标题　揭示主题或主要内容，可提示调查对象或范围；也可以用提问式，引起读者注意。这类标题常用的有单标题和双标题两种。

单标题，直接揭示文章主题，归纳全文内容。如《上海民办教育蓬勃有序走向规范》(××××年×月×日《中国民办教育》)。

双标题,即采用正题、副题相结合的形式,正题一般揭示调查报告的中心和主题,副题一般指明调查对象和内容,如《企业累如牛,摊派何时休——关于×××市向企业乱摊派问题的调查》《何时缚住苍龙——××市整顿煤炭市场的调查》。现在报刊上发表的调查报告,大多用双行式标题。

2. 正文

调查报告的正文一般由前言、主体、结尾三部分组成。

(1) 前言 调查报告的前言,也称为"导语""引言"。前言写法一般有三种。

① 提要式:将被调查对象的主要情况、调查后的结论用概要的文字叙述清楚。这种写法能够提纲挈领,总领下文。

② 介绍式:该写法是简单介绍调查目的、时间、范围、背景等情况,使读者了解调查过程和写作意图,为下文展开有力铺垫。

③ 提问式:在调查报告的开头,抓住问题的关键,调查者提出问题引发读者思考,明白问题的实质,这种写法能醒目地提出问题,紧紧抓住读者。

以上三种方式,有的调查报告只用其中的一种,有的三种兼而用之,这要视写作需要而定。

(2) 主体 主体是调查报告的核心,是结论的依据。首先,要详细介绍调查对象的具体情况,如事情产生的前因后果、发展经过、具体做法等;其次,要对调查内容进行认真的分析研究,找出规律;最后,得出明确的结论。

由于调查报告的种类不同,主体内容也不相同。

① 反映情况的调查报告:情况+分析+建议;

② 总结经验的调查报告:成果+做法+经验或做法+经验+成果;

③ 揭露问题的调查报告:问题+原因+意见或建议。

在结构安排上,主体部分主要有如下几种形式。

① 纵式结构:按事件发展的时间顺序,或内在逻辑来组织安排调查内容,通过层层递进、深入,来揭示事物的本质规律。这种结构形式脉络清晰,线索分明,符合读者认识事物、分析事理的习惯。例如:先介绍事件的起因,然后介绍事件的发展,再介绍事件的结局。如果是情况调查,可先提出问题,然后分析问题,再解决问题,各部

分之间是递进关系。

② 横式结构：主要以问题为主线来安排，是把调查得到的情况、经验、问题，按照内在的逻辑关系，分成几个部分并列来写，在横断面上表现出事物的各个方面，这样能突出主要问题或基本经验。横式结构是调查报告最常用的方式。

③ 综合式结构：这是纵式结构和横式结构交错使用、互相配合的结构形式。兼有两种结构的特点，适用于内容繁多、头绪复杂的大型调查报告。

（3）结尾　调查报告的结尾灵活多样，主要依据文章内容的需要而定。常见的结尾方式：一是展望未来，指明方向；二是总结全文，深化主旨；三是提出新问题，引人深思；四是指出问题，找出差距，表明态度。有的主体部分叙述完毕，文章自然收束。总之，结尾要求简洁、明白、有力，意尽笔停。

3. 落款

为了对调查的内容负责，最后在正文右下角写上作者的名称和写作时间，如已写在标题下面，此处也可省略。

思考题

1. 调查报告有哪些特点？
2. 调查报告有哪些种类？
3. 反映情况的调查报告怎么写？

第五节　述职报告

情境导入

陈××于××××年新任滨湖村党支部书记，在他与村干部和村民的共同努力下，滨湖村各方面建设发生了很大变化。年末，他要向上级组织、领导和村民陈述自己本年度履行岗位职责情况，于是他开始整理自己的思路……

你知道什么是述职报告吗？在述职报告中要陈述什么？

📖 实例阅读

【例文】

××××年××村支部书记述职报告

各位领导，同志们：

××××年是我到××村任书记的第六年。一年来，在办事处党委的正确领导下，坚持以科学发展观为指导，认真贯彻落实十八大精神，发挥领头雁作用，团结带领一班人，勤政为民，锐意进取，奋力拼搏，较好地完成年初办事处党委、办事处确定的任务目标，为××村经济发展、社会稳定、和谐做出了应有的努力。现将一年中本人履行职责的具体情况报告如下：

一、提高认识，明确任务，深入调查研究，制订工作计划

××××年工作的任务主要是围绕"六句话"的目标和要求开展的，"六句话"是：加强组织、发展经济、富裕农民、维护稳定、锻炼干部、促进农村全面进步。为此，我积极深入村组开展调查研究。

一是到村两委成员和党员、干部家中就其生产、生活、村组织建设等有关问题进行深入调查，征求他们对两委班子今后工作的意见和建议。

二是到农业产业结构调整大户和养殖户家中就其农业产业、结构调整需要解决的问题深入调查研究，听取他们的呼声和需求。

三是到贫困户家中进行调查，详细了解其生活状况和贫困的原因，帮助他们理清发展思路，鼓励其发家致富。

四是到隔阂户家中与其促膝交谈，了解其原因、询问对村级工作的意见和建议，掌握并认真记好他们所反映的问题，及时做好他们的思想工作。

通过走访、调查，我更加细致地了解了××村的情况及存在的问题，及时召开两委班子工作会议，进行了认真研究、分析，因地制宜地提出了"加强组织建设，转变思想观念，调整产业结构，传播科学技术，帮助农民挣票子"的工作思路和发展村集体经济，帮助农民增产增收措施。

二、加强学习，努力提高内在素质

一年来，坚持把学习放在首位，认真学习十八大精神，还根据新时期农村工作的需要，并坚持学习了党在农村的各项方针、政策及法律知识、经济知识、基层党建、农村工作指导、新农村建设和行政管理等方面知

识，不断丰富自己的知识结构。通过加强学习，在以下几个方面有了新的提高和认识。

一是政治理论水平有了新的提高。能够正确把握科学发展观的精神实质和丰富内涵，对经济、行政管理等各种理论有了比较系统的掌握。

二是提高了政治鉴别力和政治敏锐性，执行政策的能力有了新的提高。在政治上、思想上和行动上与上级党委保持高度一致，在事关方向、原则问题上立场坚定、观点明朗、态度坚决。

三是统揽全局、协调各方的能力有了新的提高。通过学习，本人掌握了一定的工作方法，在工作中能够驾驭农村工作，站在农村的角度抓方向，抓重点，抓主要矛盾，带动村两委全面工作开展。能够把村两委干部、党员、群众拧成一股绳，充分调动他们的积极性和主动性。

三、加强组织建设，提高支部战斗能力

1. 在村两委班子建设上

一是促团结。我十分注重与班子成员的团结，遇事与大家多沟通、多协商，召开支委会、代表大会，在研究讨论后才作出决定。现在，村两委班子是团结的班子，是积极向上、求真务实的班子，是有凝聚力和战斗力的班子。

二是抓学教。充分利用党内"三会一课"、培训、电化教育等方式方法，在提高村两委干部理论水平上下功夫，在增强村两委干部工作能力上下功夫，在转变村两委干部工作作风上下功夫，要求村两委干部做到进村入户常走访、广纳群言查不足，切合实际定措施，真心实意抓整改，从而真正培养、锻炼一支适应农村工作形势、整体素质较高的干部队伍。

三是强基础。村组织建设不仅是基础，而且是薄弱环节，村干部的自身素质和工作水平是落实农村各项工作的关键。

2. 在党建工作上

党建工作是主要工作任务，也是一项经常性工作。一是主持召开村两委会制定了××××年党支部工作计划，并按照工作方案抓具体、抓落实。二是进一步建立健全村两委各项规章制度，并且严格按照制度办事。三是落实了党务公开、村务公开等各项措施，确保了党务、村务按时公开，接受群众监督。

3. 在党员干部队伍建设上

一是以优化党员结构为主，突出抓好党员发展。村党支部加强对农村中能人大户的教育引导，把其中的优秀分子吸引到党组织当中来，在实际操作中，坚持高标准、严要求、依党章、按程序，积极慎重地做好发展党员工作，村党支部××××年培养2名入党积极分子，1名先进分子。

二是以树立党员形象为主，突出抓好示范带动。××××年，加大了对党员的学习教育，通过开展党员设岗定责和民主评议党员等活动；一年来有5名党员被评为先进个人，其中2人受到办事处党委表彰，这说明党员带头致富和带领群众致富的本领增强了，先锋模范作用得到了充分发挥，在群众中树立了先进、务实、富民、廉洁的新形象。

三是加强组织和人才队伍建设。以"三级联创"为载体，深入开展"五好"村支部创建活动及"双建双带"活动，抓好"党员中心户"工作，加强组织阵地规范化建设。积极探索基层党建工作的新机制、新方法，为新农村建设提供坚强的组织保证。加强人才队伍建设，突出抓好农村实用技术人才资源开发，提高人才服务水平，为全村经济社会发展提供坚强的人才保证和广泛的智力支持。

四、大力发展村级经济，积极引导农民脱贫致富

一是立足村情，调整产业结构，农村经济得到了较快发展。积极推进农业和农村经济结构调整，推广良种良法，大力发展茶叶、蔬菜种植，倾力打造20万只绿色蛋鸡养殖专业村。去年的茶叶种植1800亩以上，蔬菜1000亩以上。特别是我村近年来养殖业发展很快，目前，全村50头生猪以上养猪大户，1万只以上蛋鸡养殖大户都已达到5户。同时，我村实行村企联办，模范建设了一个××市全民创业基地——××蛋鸡养殖场，该养殖场集自动化、绿色环保于一体，养殖规模达3万只，全年收入可达500万元。

二是引导村民外出务工。目前我村在江苏、浙江、上海、广东等地外出务工的有430多人。据测算：每人每年收入2万元，外出务工人员每年为村带回近800万元的收入。

三是切实增加集体收入，壮大集体收入。一年来通过召开村委会、党员大会、一事一议等会议，先后对村集体所有的荒山土地、水面、林地和房产进行了变更承包、转让、拍卖、出售等形式的调整，村级集体经济将得到加强。

五、保持农村稳定，构建和谐社会

一是推进精神文明建设，通过多种形式对农民教育，丰富农民生活，大力开展科技入户活动。发动科学实用技术培训500多人次，通过下发资料、张贴标语等形式对村民进行宣传教育。

二是推进××村民主政治建设，按照发展社会主义民主政治的要求在××村大力开展"四民主、两公开"，即深化和规范民主选举、民主管理、民主决策、民主监督；坚持完善村务公开、党务公开。

三是坚持不懈地抓好计划生育，提高了计生工作整体水平。去年以来，本人与村两委一班人高度重视计划生育工作，实行分片负责制，每月要召开一次会议进行研究，每季度开展一次活动，每年进行一次奖惩；积极宣传党的计生政策，配合村两委和计生专干，抓好计划生育各项制度落实。全年组织"三查三落实"3次，参加对象1773余人次，服务面达95%，对当年生育、节育、怀孕、服药用具的585个育龄妇女进行随访，随访率达到了100%。对66人进行了独生子女奖励政策兑现，按政策享受扶助奖励的6人。同时，做好计生重点户的教育和转化工作，促进了计划生育工作健康、稳固发展。××××年我村计划生育专干×××同志被办事处评为"计划生育工作先进个人"。

四是推进社会治安综合治理规范化建设。建立了规范化民调室，建立健全各项规章制度，成立了民事调解委员会，组建民调信访网络，充分发挥"治安中心户"的作用。一年来，接待民事纠纷11起，治安案件4起，妥善调解处理4起，调处率达100%。民调室的积极工作，有效地防止了矛盾激化，把纠纷矛头消除在萌芽状态，切实保障了群众最关心最直接的利益，解决了群众生活中面临的困难和问题，维护了社会稳定。

六、扎实工作，切实为民办好事、办实事

任职以来，坚持不断地加强学习，牢固树立科学的发展观、人生观、价值观、地位观、权力观、利益观，强化执政为民意识，弘扬艰苦奋斗和开拓奉献精神。严格执行各项规章制度，积极为村办事。

一是继续打造以"五改三建两提高一公开"为主要内容的新农村建设模式，完成危房改造13户，新建沼气池38口，累计实施853户，××××年到位项目资金12.2万元。

二是大力实施全民创业建设工程，建立了××村××蛋鸡养殖场，带动周边群众发展养殖，万只以上养殖户已达5户，农村经济实力与日俱增。

三是切实加强基础设施建设。改造升级5公里组级公路，新修桥梁一座，解决120户400人的行路不便的难题，同时为企业的发展提供了良好的硬环境。

四是切实保障和改善民生。全村共争取到位财政扶贫资金45万元。向上级争取解决农村低保户77户202人，农村五保户10人，全年发放救助资金11万余元。九州牧业、民政办解决特困户1万余元生活物资，解决了10户特困户的生活问题。完成危房改造13户，解决了60人无住房问题。

五是大力发展农村经济。××××年，全村农村经济总收入实现4277.22万元，比去年增长13%。粮食生产没有受到水灾影响，产量与去年持平。畜牧业实现产值856万元，比去年翻了一番。蔬菜产业实现收入500万元，比去年增长10%。农民年均纯收入达到3360元，比去年增长11.5%。××××年我村被办事处评为"经济发展先进村"。

各位领导、同志们，××××年成绩的取得离不开村两委成员和全体党员的大力支持，在今后的工作中，我将进一步落实十七届三中、四中全会精神，坚持科学发展观，以新农村建设20字方针为指导，加快社会主义新农村建设，加快全面建设小康社会的步伐，戒骄戒躁，扎实工作，带领村民发家致富，为××村的新农村建设贡献新的力量。

特此报告，请审查。

述职人：×××
××××年×月×日

一、述职报告的概念

述职报告是领导干部向所属的职工或上级组织和领导陈述自己任职时期内履行岗位职责情况的一种自我评述性的事务文书。

述职述廉报告，实际属于述职报告，只是根据社会形势的需要，廉政建设成为领导干部岗位职责中的非常重要的一个方面。所以，述职述廉报告在写作时廉政工作是重要内容。

二、述职报告的作用

述职报告是管理和考核干部的重要方式之一。对个人来说，撰写述职报告，可对自己的任职情况加以回顾和反思，有利于自审和提高，也有利于改进工作；对于一个单位或部门来说，要求领导干部提出述职报告，利于考核干部,也便于群众民主监督。

三、述职报告的特点

1. 真实性

述职报告作为人员考核、评优、晋升的重要依据,要求述职者必须客观真实地陈述履行岗位职责情况,包括取得的成绩,犯过的错误及存在的不足。对进入述职报告中的材料,作者必须严格把关,精心筛选。既不允许添枝加叶、随意夸大和缩小,更不允许虚构编造、无中生有。力求做到成绩不夸大,问题不缩小,缺点不回避。只有这样才能把过去一段时期内工作的方方面面真实准确、完整无缺地展现在组织人事部门和广大群众面前,以使他们了解述职者履行岗位职责的情况,给予客观公正的评价,最终确定述职者的考核成绩。

2. 述评性

一方面,述职者要完整客观地叙述自己在一定时期内履行岗位职责的情况,向有关方面报告自己的工作实绩。所谓工作实绩,是指报告人在一定时期内,按照岗位规范的要求,为国家做了些什么事情,完成了什么指标,取得了什么效益,有些什么成就和贡献,工作责任心如何,工作效率怎样,实实在在地反映出来。

另一方面,述职者还要依据岗位规范和职责目标,对自己任期内的德、能、勤、绩、廉等方面的情况,作自我评估、自我鉴定、自我定性。

3. 标准性

述职者在进行自我评价鉴定时都有标准,标准就是述职者所在岗位的行为规范、岗位职责、目标任务。

行为规范是从事某一职业一般的行为准则,如会计人员有特定的行为规范,教师也有基本的行为准则;岗位职责是对某一岗位工作人员的基本要求;目标任务则是衡量述职者履行岗位职责的更为具体、明确的目标。每个岗位对述职者在一定时期内要达到的目标、完成的任务都有质的或量的要求。

这三个标准从不同层面概括了述职者所应遵循的原则和达到的要求。

四、述职报告的种类

根据不同标准,述职报告可分为不同种类。

(1)从内容、性质来看 可分为综合性述职报告和专题性述职报告。

(2) 从用途来看　可分为晋职述职报告和例行述职报告。

(3) 从时间来看　可分为任期述职报告和年度述职报告，即一年一度履行岗位职责情况的报告。

五、述职报告与个人总结的区别

述职报告和个人工作总结是使用比较频繁的两种事务文书，都是对过去工作进行回顾，总结经验、教训，都用于个人，因此，人们在使用时常常将两者混为一谈。要准确掌握它们的写法，关键在弄清两者的区别。

1. 概念不同

述职报告和个人工作总结在概念的本质上有所不同。述职报告是各类公职人员向所在单位的组织、人事部门、上级机关和职工群众，如实陈述本人在一定时期内履行岗位职责情况的一种事务文书。《孟子·梁惠王上》说："诸侯朝天子曰述职。述职者，述所职也。无非事者。"可见，所谓述职就是陈述职守，报告职责范围内的工作，而不涉及与本职无关的事项。而个人工作总结则是个人对做过的某一阶段的工作进行系统的回顾、分析，从中找出收获、经验教训及带有规律性的认识的一种事务文书。

2. 撰写目的不同

述职报告是通过陈述个人德、能、勤、绩等方面的具体材料和数据，说明履职情况，为群众评议、上级有关部门选拔、考核、奖罚提供依据，而且有利于述职者进一步明确职责、总结经验、吸取教训、提高素质、改进工作。个人工作总结是通过回顾工作，肯定成绩，找出不足，总结出带有规律性的理性认识，借以指导今后的工作，同时，也有助于针对性地克服工作中存在的问题，不断提高自身的工作能力。

3. 回答的问题不同

述职报告要回答的是有什么职责，履行职责如何，是如何履行职责的，称职与否等问题。既要表述履行职责的结果，展示履行职责的过程，又要介绍履行职责的出发点和思路，还要申述处理问题的依据和理由。而个人工作总结是对一项工作或一段时间里的工作给予的归纳，它要回答的是做了哪些工作，有哪些成绩，取得了哪些经验，存在哪些不足，要吸取什么教训，今后有何打算等问题。

4. 写作侧重点不同

述职报告必须以履行职责情况，报告德、能、勤、绩、廉为主，重点在于展示履行职责的思路、过程和能力，要回答称职与否。仅限于职责的范围之内，围绕职责这个基点精选材料，职责范围外的概不涉及。而个人工作总结一般以归纳工作事实、汇总工作成果为主。重点在于阐述主要工作，取得的成绩都可以归纳在总结之中。

5. 表达方式不同

述职报告采用夹叙夹议的方式，运用叙述和议论，还辅以适当的说明。回顾工作情况，主要用叙述；分析问题，评价成绩时，用议论；需要交代某些情况时，用说明。而总结一般采用概括叙述的方式，不要求展示工作过程，只需归纳工作结果。

6. 格式要素不同

书面的述职报告有主送机关，口头的述职报告有开头称谓，结束时有结束语，一般是在指出存在的问题后，阐述自己的态度，欢迎大家对自己的述职报告进行评议，常用"以上报告请批评指正""述职至此，谢谢大家""专此报告，请审阅"等结束语。而个人总结没有主送机关或开头称谓，结束时也没有结束语，一般在指出存在问题后，写上下一步的工作打算、努力方向及解决问题的措施，就自然结束。

六、述职报告的写法

述职报告通常由标题、主送单位（或称谓）、正文、落款四部分构成。

1. 标题

述职报告的标题形式有以下几种。

（1）以文种作标题　如《述职报告》。

（2）由述职者职务、姓名＋文种作标题　如《××局局长×××述职报告》。

（3）由述职者职务、姓名＋期限＋文种作标题　如《××学院院长×××2016年度述职报告》。

（4）由期限＋文种作标题　如《2016年上半年述职报告》。

（5）由"我"＋文种作标题　如《我的述职报告》。

（6）双标题形式　如《求真务实，与时俱进——我的述职报告》。

2. 称谓

写明报告对象或主送机关，如"各位领导、同志们""××组织人事部""××董事会"等。

3. 正文

正文一般由开头、主体和结尾三部分组成。

（1）开头　首先概述任职的自然情况，即任职时间、任何职务、所负责的具体工作、岗位目标等，也可进行简短的自我评价，给听众或领导总体印象。要写得集中概括、简明扼要。往往以"按照岗位规范，现将我×年来履行岗位职责的情况报告（陈述）如下"过渡到主体部分。

（2）主体　主要报告履行职责的具体情况，内容包括：任职期间所做的主要工作，取得的主要成绩；存在的问题、缺点；个人的认识和体会，主要经验、教训；今后的工作设想。要写得具体充实，条理清楚，有理有据。

（3）结尾　通常用惯用语收束，如"特此报告""以上报告，请领导和同志们批评指正""以上报告请审查""以上是我的述职报告，谢谢各位""特（专）此报告，请审查"等。

4. 落款

在正文末尾右下方，署上"述职人："和姓名，署名下方写上成文日期。

七、述职报告写作注意事项

述职，已成为我国各级领导干部、公务员、军队干部和专业技术人员例行或任期满后拟晋升而进行考核的一种重要形式。述职报告的写作者也不仅仅局限于那些具备应用写作能力的文秘人员，而是具有较大的普遍性。述职报告的写作有一些需要注意的事项，也是有些人写作上容易出问题的地方。

1. 实事求是，忌"邀功"

领导干部的述职报告，也应当是主要反映本人在组织赋予的职权范围内所进行的实践活动。哪些是自己亲自主持完成的，哪些是自己参与决策的，哪些是在自己领导或指导下完成的，这些都应当分别写清楚，不能含混。坚持实事求是的原则，写自己，而不是写自己领导的这个班子。对自己的成绩和荣誉既不能虚夸，也不要过谦；对问题和失误，既不回避，也不无限上纲。本着成绩找够、问题谈透的原则，不能把所属的整个单位和所属人员取得的成绩统统归为己有。对自己工作中的失误，主要找主观原因，少谈或不谈客观理由。

2. 概述，忌"细谈"

述职报告中的叙事有别于一般记叙文写作中的叙事，不能像记叙文那样详写事情发展变化的具体过程，描绘复杂、曲折的情节，而是有显著的概括性，写作时应抓住事件的基本环节进行粗略、概括的介绍和叙说。

3. 有的放矢，忌"不合时宜"

述职报告写作中的不合时宜主要表现在：一是拟晋升副教授述职，却同时讲到中级职称以前的成绩，甚至个别人把自己干行政工作期间的荣誉也叙述在其中；二是某些担任了一定行政职务的人，在拟晋升专业技术职称的述职中过多地叙述自己的行政工作和管理能力，甚至是所属单位和所属人员的成绩；三是个别人在某种专题性述职中，谈了很多任期内的其他事情。这些述职者运用这些不合时宜的述职内容，只不过是想给听众、读者使"障眼法"，让听众、读者觉得他的成绩很多，功劳不小。而真正了解职称考核条件的人就知道，这种述职，其实是"徒劳无功"。能否晋升技术职称，主要是看述职者在任现职期间的专业技术成绩、成果是否符合晋升的标准与条件，而其他时间的任何内容均不作为晋升的成绩、成果。

4. 掌握写法，忌"务虚论职"

在实践中，不少述职报告不是在述职而是在论职，有的述职者在述职报告中用相当的篇幅来谈自己对本职工作的认识。

5. 行文庄重，忌"浮夸"

述职报告是述职者面对听众作正式、庄重的汇报，写作时要注意措辞严谨、用语朴实、语气谦恭，言辞不渲染、不溢美、不夸张，不说过头话。

思考题

1. 述职报告有哪些特点？
2. 述职报告与个人工作总结有哪些区别？
3. 述职报告在写作时有哪些注意事项？

第六节 会议记录

情境导入

红旗村于××××年8月25日上午9点，在村委会议室召开了村委会全体工作会议，村主任李××讲话，书记王××主持，宣传干事赵××

做记录。

如果你是会议记录员,知道如何做会议记录吗?应该注意哪些问题?

实例阅读

【例文】

××国税分局办公会议记录

会议时间:××××年12月4日下午2点

会议地点:分局三楼会议室

参加人员:张××(党委书记)、吴×(局长)、王××(纪委书记)、杨×(办公室主任)、李×(征税科科长)、洪×(征税科副科长)、刘×(监察室主任)

列席人:徐××(税务员)、高×(税务员)

会议主持人:吴×(局长)

记录人:张×

主要议题:关于××村服装加工户抗税案件的处理

吴×:我们这次会议,主要研究今天发生的××村服装加工户抗税事件的处理问题。先请徐××、高×介绍一下当时的情况和事件的经过。

徐××:今天上午九点,我和高×骑自行车到××村,对该村部分服装加工户征收增值税。我们走进刘××家的院子,对正在加工服装的刘××说明来意,话音未落刘××就恶狠狠地说:"没钱!"我们正准备做刘××的工作,刘××却一脚踢翻了身边的一张椅子,就势躺倒在地上大喊:"出人命啦,收税的打人啦!"不大一会儿,从外面涌进20多个人,这些人不容我们开口,一边对我们推推搡搡,一边大声责问我们为什么打人?领头的张××还喊叫着要把我们捆到乡里去。他们一边喊叫一边使劲抢高×手中拿的那个装有税票的皮包。就这样我们在刘××的院子里被围攻了整整两个小时,后来一个乡干部赶来,我们才脱了身。

高×:我认为这事是有预谋的。刘××刚躺在地,他的妻子就跑到街上大喊大叫,不到五分钟就围了一院子的人。这次带头围攻的刘××和张××,上个月收税时就赖着不缴,后来是请镇政府才收上来的。所以,今天这事很有可能是他们预谋好的。

王××:事发后,我和两位同志吃完午饭赶到××村去调查此事。刚一进村,也被围住了。他们喊叫着说我们所里的徐××和高×打了刘××，根本不让我们开口。看那阵势，他们还想闹事。为了防止事态恶化，我们就回来了。我同意高×的看法，这件事是有预谋的，属于抗税行为。

李×：刘××等人上个月虽然没闹事，但抵触情绪很大，本月还是闹起来了。像这样明目张胆抗税的事不整治的话，以后我们的税收工作就很难开展。

杨×：听说附近几个村都已知道这件事，影响很坏。别的纳税人都看着我们。如果我们不好好处理此事，刘××和张××还会变本加厉，而且还可能扩大影响，在该村和其他村发生类似的事件。

张××：我的意见是一方面做其他群众的思想工作，向他们讲清政策，稳定群众情绪；另一方面要尽快将这一情况报告县局，请县局同司法机关对那几个暴力抗税的人采取强制措施。

吴×：别的同志还有没有不同的看法？没有，就按照张书记的意见办吧。杨×要抓紧时间写一份报告，主要说明刘家村今天发生的情况和我们的意见。明天我到县局汇报。

散会（下午5时20分）。

主持人：吴×（签名）
记录人：张×（签名）

必备知识

一、会议记录的概念

会议记录是在会议过程中，由专门的记录人员把会议情况和会议内容如实笔录而形成的书面材料。

二、会议记录的特点

1. 原始性

会议记录是对会议议程和发言内容的原始性记载，由记录员随会议进程作同步记录，不得歪曲、作假，不掺杂个人主观评价。

2. 凭据性

会议记录是了解、检查会议情况、传达会议精神、汇报会议情况、执行会议决议等的真实依据。会议记录交主持人认可签名后，便可立卷存档，成为文献资料，以供日后查考、研究。

3. 规范性

会议记录不对外公布，也不作内部交流，要求使用统一的记录专用笺、记录格式和规范的记录字体等，甚至对记录用笔都有严格规定。

三、会议记录的种类

从反映会议情况和内容的详略程度上划分，会议记录分为：

1. 详细记录

这种记录要求详细记录会议的全过程，包括会上发言、不同意见、争论和会议决议，有的还记录发言人的语态动作。重要会议要采用详细记录。

2. 摘要记录

这种记录只对会上发言要点、结论、决议作记录，与议题无关的话题可以不记录。

从记录的手段上划分，会议记录又可以分为文字记录和音像记录。

音像记录是利用音像设备录制会议过程。但是对会议记录而言，录音、录像通常只是手段，最终还要将录下的内容还原成文字。

四、会议记录与会议纪要的区别

会议记录和会议纪要都与会议有关，三者存在着先后关系：会议—会议记录—纪要，即先有会议，然后有会议记录，再依据会议记录制发纪要。很显然，会议记录与会议纪要是不同的两个概念，是不同的两个文体。主要区别如下。

1. 性质不同

会议记录是会议情况的原始记载，属于事务文书；会议纪要只记要点，是对会议情况的综合与概括，摘要发布会议主要内容和主体精神，是法定党政公文。

2. 载体样式不同

会议纪要作为一种法定公文，其载体为文件，享有《党政机关公文处理工作条例》所赋予的法定效力。会议记录的载体是会议记录簿。

3. 功能不同

会议记录是内部人员了解、检查会议情况、传达会议精神、执行会议决议等的原始依据，一般不公开，无须传达或传阅，只作资料存档；纪要通常要求在一定范围内传达或传阅，要求有关单位知晓，并照此办理贯彻实施。

4. 适用对象不同

作为历史资料的会议记录仅供内部使用，不对外公布，只是有条件的供查阅者使用；作为公文的会议纪要，具有传达告知功能，因而有明确的读者对象和适用范围。

五、会议记录的写法

会议记录一般由标题、开头（会议组织情况）、主体（会议内容）、结尾和审阅签名五部分组成。

1. 标题

标题一般由开会单位、会议名称、文种构成，如《××大学校长办公会记录》；有的由会议内容、文种构成，如《关于加强学生思想工作座谈会记录》。

2. 开头（会议组织情况）

开头主要包括会议时间、地点、出席人、缺席人、列席人、主持人、记录人、议题等内容。每项分行依次排列，具体要求如下。

（1）会议时间　即会议召开的具体时间（年、月、日、时，几点至几点）。

（2）会议地点　即会议召开的具体地点（哪一间会议室）。

（3）出席人　即按照规定必须参加的人员。一般由出席人亲自签到，也可由记录人记录。

（4）缺席人　写明缺席人的姓名和缺席原因。

（5）列席人　即不属于会议正式成员，但与会议有关的各方面人员。写明姓名、职务和单位名称，可由列席人亲自签到，也可由记录人填写。

（6）主持人　一般写明姓名，在姓名前冠写职衔。

（7）记录人　写明姓名。

（8）议题　即会议围绕讨论的主题内容，议题多的可分条列项写出。

3. 主体（会议内容）

这是会议记录的主体内容，包括主持人开场白、大会主题报告、讨论发言、会议决议、会议涉及的其他主要内容、重要领导的指示等。要按会议议程和发言顺序，记录发言人姓名和发言内容，可详细记录，也可摘要记录。

4. 会议结尾

一般另起一行，空两格写"散会"字样。有的在后面注明会议结束时间，写在小括号里。

5. 审阅签名

在会议记录的右下方，由会议主持人和记录人签名，以示负责。审阅签名相当于公文的落款。

六、会议记录的基本要求

① 准确写明会议名称（要写全称），开会时间、地点，会议性质。

② 详细记下会议主持人、出席会议应到和实到人数，缺席、迟到或早退人数及其姓名、职务，记录者姓名。如果是群众性大会，只记参加的对象和总人数，以及出席会议的较重要的领导成员即可。如果某些重要的会议，出席对象来自不同单位，应设置签名簿，请出席者签署姓名、职务、单位等。

③ 忠实记录会议上的发言和有关动态。会议发言的内容是记录的重点。记录会议发言有两种方式，一种是摘要记录，另一种是全文记录。多数会议只记录发言要点即可，即把发言者讲了哪几个问题，每一个问题的基本观点与主要事实、结论和对他人发言的态度等，作摘要式的记录，不必"有闻必录"；某些特别重要的会议或特别重要人物的发言，则需要记下全部内容。其他会议动态，如发言中的插话、笑声、掌声、临时中断以及别的重要的会场情况等，也应予以记录。

④ 会议记录要求忠于事实，不能夹杂记录者的任何个人情感，更不允许有意增删发言内容。

⑤ 快速是对记录的基本要求。

思考题

1. 会议记录有哪些特点？
2. 会议记录与纪要有什么区别？
3. 会议记录的开头、结尾分别需要写哪些内容？

第七节　大　事　记

××××年5月10日，是红旗村村办企业红旗蔬果有限公司成立10

周年纪念日，届时将举办周年庆典活动。村宣传处主任兼公司宣传部副部长赵×将协助公司宣传文员王×整理公司发展10年大事记，作为公司周年庆典和公司宣传的资料。

大事记是什么？如何写大事记？

【例文】

××村2015年精神文明工作大事记

一月份

1月1日，庆祝元旦，走访5名"四老人员"。

1月7日，计划生育宣传员与村联防员清查了流动人口，为流动人口按需发放了《关注男性生殖健康》《决定》《计划生育服务指南》《致流动人口的一封信》等宣传手册、宣传单，进行了人员信息的核对和登记。村联防员与12名流动人员签订了《社会治安责任书》。

1月11日～19日，村委会开展了"农村困难家庭情况调查"工作，村两委班子入户进行了调查登记，通过调查统计，我村目前困难家庭15户。

1月20日，村委会会议室召开了义务联防员会议，商讨如何开展2015年治安防范工作，同时，评选出了2014年优秀义务联防员。

1月26日下午，在村委会会议室召开了学习《新党章》、搞好民主评议党员工作会议，有19位党员参加了该会。通过与会党员民主评议，推选产生村党支部2014年优秀党员：×××，创新党员：×××。

1月27日上午，村委会党支部书记、主任带领班子成员慰问了村"三老人员"和贫困户共5户，给他们送去了面粉、大米等慰问品，表达了村委会对这5户家庭的新春祝福。

1月28～30日，村委会两委班子深入辖区村民家中检查家庭用电、烧煤安全，并发放《安全知识宣传单》159份，提醒村民时刻把安全放心中，提前给村民带去新春的问候。

二月份

2月8日，组织全村党员学习上级会议精神。

2月28日，村委会妇女主任入户宣传接种骨髓灰质炎疫苗的通知及其重要性。

三月份

3月8日，开展"三八"国际劳动妇女节100周年庆祝活动，下午村两委班子带着节日的问候礼品（砖茶、方糖），走访慰问了2位贫困妇女。

3月18日上午，组织村民召开法治宣讲会，进一步加强了村民的法律意识。

四月份

4月13日，参加我镇绿化活动。

4月25日，召开了"民主日"会议，村民代表及部分村民共47人参加了此次会议。本次会议共收集3条建议、4条情况反映，村委会主任现场对部分反映意见给予回复和讲解，使"民主日"会议取得了很好的效果，也得到全村村民好评。

五月份

5月5日，组织团员参加乡团委组织的乒乓球比赛，并荣获团体一等奖。

5月29日，组织计划生育协会会员庆祝"5·29"协会活动。

六月份

6月15日上午，村党支部组织支部党员18人，召开了党的群众路线教育活动大会，会议由村党支部书记×××主持，组织大家学习了习近平总书记一系列讲话精神。

6月20日上午，××镇人民政府相关人员来我村进行2015年上半年工作任务责任书完成情况检查调研。村党支部书记×××按责任书逐条进行了工作汇报和问题反映，×××主任详细询问了各项工作完成情况以及工作中存在的问题和困难。通过大家的汇报和验证，镇党委领导和各部门负责人对我村的各项工作予以肯定，并对各项工作的开展提出了建议。

七月份

7月1日，村党支部组织支部党员29人，在党旗前，重温了《入党誓词》。活动结束后，又组织党员在村委会办公室观看了警示教育片《共和国反贪风云》并展开讨论，此次活动的开展既丰富了庆"七一"活动的内容，又增强了××村党支部的凝聚力。

八月份

8月28日，按镇政府劳动保障工作站工作安排，组织25名村民参加"再就业优惠政策"宣传培训活动。

九月份

9月25日上午，在村委会召开党的群众路线教育活动大会，会议由

×××书记主持,群众代表34人参加。

十月份

10月8日,镇政府党政办、综治办、计生办等多个业务主管部门工作人员莅临我村,对我村全年的工作情况进行了考核。

十一月份

11月19日下午,组织义务联防员3人、民调综治工作委员会成员6人及村两委班子在会议室召开了2015年村委会维稳工作总结会议。

十二月份

12月24日上午,召开统战、综治、司法联席会议。

必备知识

一、大事记的概念

大事记是党政机关、企事业单位、社会团体按照时间顺序记载自己重大事件或重要活动的一种文书。

大事记可以反映记载主体的历史发展过程和重大事件,为人们提供轮廓性的历史材料,既可作为本单位总结、汇报、统计工作的文字依据,也可以作为单位发展史上的档案资料,因此具有史料价值,可以起到录以备查的作用。

二、大事记的特点

1. 重大性

大事记,就是对重大事件的记载,而非细小的事件。

2. 编年体

大事记最重要的特点之一就是按照时间顺序记载所发生的重大事件,采用编年体的形式,脉络分明,一目了然,查阅也非常方便。

3. 史料性

大事记是一种特殊的记事性文体,是纪实性的简述式史料。反映的是制文单位一定历史时期的大事、要事,因此,撰写大事记必须尊重事实,要反映事物的本来面目,既不夸大,也不缩小,更不能杜撰。对所记的事,不作出任何评价,不渗透任何主观情感,力求客观自然。

4. 概要性

大事记是用简述的方法来记录的,是摘其大事,言简意明。

三、大事记的种类

根据不同的标准,大事记有不同的分类。

(1) 按制发单位的职权范围 可以分为世界大事记、国家大事记、地区大事记、部门大事记、单位大事记等。

(2) 根据制文机构性质的不同 大事记可以分为党政组织大事记、国家行政机关大事记、社会团体大事记、企业或事业单位大事记等。

(3) 根据记载内容、性质的不同 可以分为综合性大事记、专题性大事记。

① 综合性大事记:它的特点是不分门别类,把一定时间内某单位各方面的大事按时间顺序进行记录。目前,综合性大事记是最常用的大事记。

② 专题性大事记:即就某一方面的内容编写的大事记,记录时也是按时间顺序,独立成篇。如《××区(××市)城市建设大事记》(××××年~××××年)。

(4) 根据时间跨度的不同 可以分为古今大事记、断代大事记、年度大事记、季度大事记、每月大事记、每旬大事记、每周大事记和每日大事记等。

(5) 按体裁不同 可以分为条目式大事记和表格式大事记。

四、大事记的写法

大事记一般主要由标题和正文两部分组成。

1. 标题

大事记的标题有以下几种形式。

① 由制文单位名称、时间范围和文种构成,如《××县人民政府×××年大事记》。

② 由制文单位名称、事由、文种构成。有的在标题下方加括号说明时间范围,如《××区(××市)城市建设大事记》(××××年~××××年);有的没有注明时间如《中国新文学大事记》。

③ 由制文单位和文种构成,如《××人民政府大事记》。

2. 正文

正文的体裁上有条目式和表格式两种,对于条目式大事记,有以时纂文的,按年月日顺序逐条记录大事、要事;有以文纂时的,将大事分成几个类别,然后再按时间顺序记录相关内容的大事、要事。无论哪一种大事记，内容上都是由时间和事件两部分组成。

（1）时间　时间的写法应根据标题的写法而定。如果标题注明为若干年的大事记，就应在记具体日期之前列出年度，然后在该年度下写明事件发生的月、日；如果标题注明为年度大事记，就应在记具体日期之前列出月份，然后在该月份下写明事件发生的月、日；如果标题注明为月份大事记，那么记大事的时间可写月、日，亦可只写日。

大事时间要求清楚、确切。记载重要发文的，以文件的发文时间为大事时间；记载会议的，可分别记开幕时间，也可记起止时间；有些延续性事件，可分阶段记录，也可以集中一条以结束时间为大事时间。有些重大事件（事故）则写明具体的时、分、秒。如果同一天有数件事需要记，则可以将同一天大事时间下把事项分行列出，或用"同日"表示大事时间。时间不可笼统，不用模糊的时间代替，如"近日"、"月初"、"年底"等。

（2）大事件内容　所谓大事，针对某具体单位而言，是指在一定时间、范围内有着重要意义和重大影响的事件，包括日常工作中的重要公务活动、重要会议、重大变革、重要领导人的任免调动、上级或相关部门的检查与视察、各类来访参观活动、重要科研成果与重大技术革新以及突发事件、大事故、大问题等。

记大事时，一般是一事一记，即一件大事记一条。同一日内有数件大事要记载的，则各列一条，分开记录。应以简练的文字准确地记述时间内容，一般每条用十几个字至一两百字概括。记载事件的详略要因事而定，有的只记事件名目，有的要求记载事件地点、起因、主要过程、结果，涉及的单位和当事人。大事记还要注意系统完整，该记的不能遗漏，不该记的不能勉强凑数。

五、编写大事记的注意事项

1. 及时编写

及时，指的是要写在事情发生的当天。如果能在事情发生的当天就随时记载下来，这就能够保证"大事记"的齐全，而且可将一些情节及时记清楚，从而提高"大事记"的质量。

2. 格式要统一，层次要清晰

"大事记"的格式，一般以年编号，年下分月，同一年内各月前的年份省略；月下分日，同一月内各日前的月份亦可省略；日下记当日所发生的大事，同一日发生几件大事时可平列记载，也可编上顺序号。

3. 文字要简练，摘其大事

大事记要提纲挈领，摘其大事，要求简明扼要，将主要事实、时间、地点、人物、事件写清楚，不求细致。有大事就记，无大事就不记，但却不能漏掉大事、要事。记事要力求言简意明，摘要记载，不要详叙其情。记事时无需进行渲染和描绘，也不必说明或议论，恰如其分地记载。

4. 统筹整理、归档

整理，既包括文字的整理，也包括对某些条款的删节。整理后打印存档时既要有一份存入同年的案卷，又要有几份续编入以往的"大事记"，并可同时分发各有关同志掌握和利用。

思考题

1. 大事记有哪些特点？
2. 大事记的标题包括几项内容？
3. 大事记的正文怎么写？

第八节　公　　示

情境导入

××××年6月，红旗村村办企业红旗蔬果有限公司举行特级推销员选拔活动。经过一系列选拔程序，有十名员工入围，最后公司对此次选拔结果进行了公示。

你知道如何写公示吗？公示适用哪些情况？写公示应注意什么问题？

实例阅读

【例文】

公　　示

经本人申请和党组织长期培养考察，近期确定我村×××等三名同志为党员发展对象。根据中共中央及中共××市委关于发展党员公示制的规

定,现公示如下:

姓名	性别	出生年月	现任职务	入团时间
×××	男	1985年10月	宣传科科员	2007年9月1日
×××	男	1983年7月	会计科副科长	2008年3月1日
×××	女	1985年8月	计生信息员	2008年6月1日

公示期自即日起5个工作日,即12月6日~12月10日。

凡对发展上述同志入党有意见者,请及时以书面或口头形式向中共××村党支部反映,也可直接向××镇党委组织部反映。

接待时间:每天8:00—12:00,14:00—16:30

联系电话:××村党支部　×××××××

　　　　　××镇党委组织部　×××××××

中共××村党支部(章)

××××年12月6日

 必备知识

一、公示的概念

公示是党政机关、企事业单位、社会团体等事先预告群众周知,用以征询意见、接受群众监督、改善工作的一种文体。

二、公示的特点

1. 公开性

公示的内容是要向一定范围内或特定范围内的人员公开出来的,是要让大家知道和了解的,具有较强透明度。

2. 事先性

公示的对象是在正式生效之前进行公示,公示结束才会生效。

3. 周知性

公示的内容是广而告之的,是让干部群众了解,从而参与其事。

4. 民主性

民主性是指公示的过程与结果,都是公开、公平、公正的,都是有群众参与和监督,并为他们所认可的,接受群众的监督是公示的目的所在,

任何人都可以行使监督的权利。

5. 反馈性

公示期间，如果对公示的内容存在异议，任何人都可以提出意见，而且公示单位接到意见后及时调查核实、研究、讨论做出反馈。

三、公示的写法

公示一般包括标题、正文和落款三部分。

1. 标题

公示的标题有完全式和省略式两种。

（1）完全式　单位＋事由＋文种。

（2）省略式

① 单位＋文种。

② 事由＋文种。

③ 文种。

2. 正文

（1）开头　开头交代公示的原因、依据。有承启句如"现公示如下"引出下文公示事项。

（2）主体　主体部分主要是公示事项，写清公示人或事情的相关情况。可用文字叙述，也可用图表、图文或文表。如果内容较多，则可以附录的形式发布。

（3）结尾　结尾包括结束语"特此公示"和公示的起止时间及反馈意见的联系方式。

3. 落款

单位名称和发布时间，加盖公章。如果标题有发布单位，落款可省略。

四、公示的写作注意事项

1. 内容单一，主旨突出

公示要坚持"一文一事"的原则，公示内容单一，不可在一个公示里公示不属于同一情况的其他事项。公示的重点是公示事项，其余可略去。

2. 客观叙述，语言平实

公示不同于"通知"，也不同于"请示""报告"之类的文体，它旨在告知群众将要生效的事项，征询群众意见，接受群众监督，应以客观介绍为主，不议论，不带感情色彩。

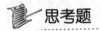

1. 公示有哪些特点？
2. 公示的标题、正文怎么写？

第九节 建议书

村民自治是农村基层民主最基本的形式，但是在实际操作过程中，某些地方出现了"过度自治"的倾向，有的村委会不接受上级党组织的领导、乱批乱分宅基地、随意增减村民的权利义务等自由主义的现象，搞"完全自治"，使得村民自治名存实亡，村里一切权利由村党支部甚至少数人把持着。为此，农村工作调研员王剑经过近两年的实际调研，针对农村自治中出现的新问题提出一系列建议。

这份建议书怎么写？写作建议书应该注意哪些事项？

实例阅读

【例文】

保护××村村环境建议书

尊敬的××村李主任：

　　您好！

十年前，我们××村卫生环境很好，天是蓝的，树是绿的，河水是清澈的，甚至可以在河里洗衣、游泳。平时村子很宁静，基本上没有噪声，至多在夜深人静的时候从山里传来几声野生动物的叫声。那时我们村是一个美丽宁静干净的村子。

但是近几年我们村的卫生环境急剧下降，根本原因在于经济虽然发展了，生活水平高了，但是人们的环保意识却没有跟上。河水越来越脏，河里漂浮着塑料袋、破旧衣服和其他垃圾，很远就能闻到一股腐臭刺鼻的味道。这是因为我们村的家庭小工厂、村办企业多了起来，产生的废水污水没有处理，未循环利用，而且乱排乱放，渐渐地河水越来越脏。山上生产和生活垃圾扔得到处都是，一片破败的景象，夏天时不时能闻到一股股难闻的气味。晚上也不安静，附近常有几个村办企业在施工或忙碌，噪声有时很大，完全不顾及其他村民，严重影响了村民休息。有时候我在睡眠中被噪声吵醒，第二天没有一点精神。

　　今昔对比，不能不让我深感遗憾和惋惜，昔日美丽的村庄还会再回来吗？我想我们村所有的村民都希望生活在一个美丽环保的地方，而不是生活在"垃圾场"里。因此，为了改善我们村的环境，我提出以下几个建议：

　　一、制订相关的制度，加强家庭小工厂和村办企业的管理，督促他们改善生产条件，做好污水处理和水循环利用。

　　二、对于生活垃圾，每家每户定点存放，村里定点回收转运进行处理。

　　三、制定一些奖罚措施，对于造成环境污染的，根据情况轻重，要有相应的惩罚措施；对于环境卫生做得好的，给予一定的奖励。

　　四、村委会多宣传环保知识，使环保意识扎根到每个村民心里，养成良好的环保习惯，树立新农村新农民形象。

　　以上是我提出的几点建议，希望您能采纳，重视我们村的环境卫生，让我们村重新恢复原来美丽洁净的面貌吧。

×××
××××年×月×日

一、建议书的概念

　　建议书是指个人、单位或集体向有关单位或上级机关或领导，就某项工作或活动提出某种建议时使用的一种常用文书。

二、建议书的特点

1. 建议性

　　建议书是对有关部门、上级机关或领导提建议时使用的一种书信，它没有公开倡导具体实施的特点，而只是作为一种想法被提出来，具有较强的文本性特点。

2. 可塑性

　　建议书必须被有关部门、领导批准、认可后才能被实施。所以建议书具有较强的可塑性，它不是最终的定文形式，它可以被修改，被增删，甚至被弃之不用，这要由具体情况而定。

三、建议书的作用

① 建议书是群众发表意见、提供建议的一种工具。建议书可以充分调动各方面的积极因素，集中广大群众的智慧，使许多合理化建议和建设性的意见反馈给有关方面和政府机关，帮助他们更好地开展工作。

② 写建议书是党的群众路线的一种很好的体现，是发扬民主、贯彻群众路线，加强政府、政党、团体与公众的联系的一种重要手段，它必然增强人民群众进行建设的热情和责任感，密切干群关系、党群关系。

四、建议书的格式与写法

建议书一般由以下几部分组成。

1. 标题

通常在书页首行正中只写"建议书"三个字，字体要大些。有时为了突出建议的具体内容，可以写上涉及的问题，如《关于×××的建议书》。

2. 称谓

顶格书写建议的主送单位或个人，后面加冒号。

3. 正文

（1）建议缘由　即提出建议的原因和出发点，说明建议的必要性和合理性。

（2）建议事项　即建议的具体内容和要求，分析建议的可行性。如果内容较多，可以分条列项来写。

（3）要求期望　即表示实现建议的愿望、方法和对受文单位的期望。

4. 结语

一般另起一行用"以上建议请考虑"或采用表示敬意或祝颂的语言作结。当然，也可以省略结语。

5. 落款

署上建议机关或个人的名称和日期。

五、建议书的写作要求

① 态度要认真。写建议书要以认真负责的态度，多方采集意见，认真调查核实，作出客观分析，慎重提出建议。

② 提出建议的原因要具体，目的要说明，这样受文单位或个人更容

易考虑你的建议的合理性，更容易采纳你的建议。

③ 措施要可行。要做好可行性研究，分析主观和客观、投入和效益、利和弊等诸因素，预测整体效益和长远效果。

④ 用语要虚心谨慎，不用命令语气。

思考题

1. 建议书有哪些写作要求？
2. 建议书一般包括哪些内容？

第十节 倡 议 书

情境导入

2008年汶川发生特大地震，造成巨大的灾难。红旗村村支两委与全体党员干部研究决定，向全村村民发起一次爱心活动，倡议捐款捐物，支援灾区。

如果你是红旗村一名村干部，负责写倡议书，那么，你将怎么拟写这份倡议书？

【例文】

××村"文明餐桌行动"倡议书

广大村民朋友们：

民以食为天，食以礼为上。吃饭是人们日常生活的重要部分，餐桌文明是社会文明的重要体现。为积极响应中央厉行勤俭节约、反对铺张浪费的号召，扎实开展"文明餐桌行动"，我们向广大村民发出以下倡议：

一、树立节俭观念。厉行节约、反对浪费，不仅关系到对社会资源的珍视，更意味着对他人劳动的尊重。外出吃饭，我们每个人都要做到按需点菜，吃多少、点多少，避免浪费，力求不剩饭、不剩菜，吃不完打包带走。

二、倡导餐桌文明。我们要积极参与"文明餐桌行动"，自觉遵守社会公德,讲究餐桌礼仪,礼貌用餐,不在餐饮场所肆意喧哗,不劝酒,不酗酒,夏天不光膀子,共同维护好"文明××村"的良好形象。

三、讲究科学饮食。不健康的饮食方式会对人的身体造成极大危害。我们要树立科学的饮食养生新观念,改变大吃大喝、暴饮暴食等不良陋习,养成健康的饮食理念、理性的生活方式。

四、坚持低碳环保。提倡绿色消费,拒绝使用一次性餐具,不吃受国家保护的野生动植物,保持环境整洁卫生,不随意污染用餐环境。

村民朋友们,文明从衣食住行起步,幸福从身边小事做起。让我们身体力行,与文明握手,向陋习告别,共同做文明用餐、节约用餐、健康用餐的宣传者、倡导者、实践者,厉行节约、反对浪费,在文明健康的生活方式中享受幸福生活。

××村村委会(章)
××××年×月×日

必备知识

一、倡议书的概念

"倡"是带头发动,提倡;"议",是提议,建议。倡议书是个人或集体首先公开提出某种建议,希望公众响应,共同完成某项任务或开展某项公益活动的一种专用文书,是发动群众开展活动的一种手段。

二、倡议书的特点

倡议书有以下四个特点。

(1) **群众性** 倡议书往往面向广大群众,或对一个部门的所有人发出,或对一个地区的所有人发出,甚至向全国发出,能调动较大范围群众的积极性,具有对象的广泛性。

(2) **号召性** 倡议书发动公众响应,让群众积极自觉行动起来共同完成,要具有很强的感召力。

(3) **不确定性** 倡议书是要求广大群众响应的,然而其对象范围往往是不定的。即便它在文中明确了自己的具体对象,有关人员可以表示响应,也可以不表示响应,它本身不具有很强的约束力。而与此无关的别的群众团体却可以有所响应。

(4) **公开性** 倡议书就是一种广而告之的书信。它就是要让广大的人民群众知道、了解，从而得到更多人的响应，以期在最大的范围内引起共鸣。

三、倡议书的作用

① 倡议书可以在较大范围内调动群众的积极性，使大家心往一处想，劲往一处使，齐心协力共同做好一些有益于社会的事务和开展某些公益活动。

② 倡议书是开展精神文明建设的一个有效的方法。倡议书的内容一般是同人们的日常生活相关的一些事项，如倡议爱护花草树木，保护生态环境；倡议众志成城，同心协力，实现祖国的尽快复兴等。所有这些都有利于人们的身心健康，属于社会主义精神文明的重要内容。

倡议书是一种建议、倡导，它不给人一种强制的感觉，所以在这种轻松倡导之中，宣传了真善美，使人们无形之中受到深刻的教育。

四、倡议书的格式与写法

倡议书一般包括标题、称谓、正文、署名和日期五部分。

1. 标题

① 以"倡议书"为标题。

② 由倡议内容和文种共同组成，"××××倡议书"。

2. 称谓

倡议书的称谓是号召的对象，如"广大市民朋友们""亲爱的同学们"。

3. 正文

（1）开头　写清楚倡议的根据、原因和目的，使人提高对该项活动的认识，自觉响应，实践倡议要求。

（2）主体　写明倡议的具体事项和要求，通常分条列项。

（3）结尾　表示倡议者的决心和期望。

4. 署名和日期

右下方署倡议者的姓名或名称，之下是成文日期。

五、倡议书与建议书的区别

两者的主要区别如下。

倡议书中虽然有所建议，但它一般是面对群众，结语用鼓动性的语言，表示倡议者的决心和愿望。所倡议的行动深得民心。

1. 面向的对象不同

建议书主要是个人向组织或下级向上级提出积极主张；倡议书主要面

向广大群众，带有一定的号召性，具有广泛的群众性。

2. 内容不同

建议书是向领导或上级部门提供建议，以便参考或采纳；倡议书是提出建议，公开发起，让广大群众共同完成某项任务或开展某项公益活动。

六、倡议书的写作要求

① 倡议的内容应当符合时代精神，与国家的路线、方针、政策相一致，是公众关心的事情才能引起更多人积极响应。

② 交代清楚背景、目的，有充分的理由。

③ 倡议的事项必须清楚明白，使响应者的行动有一个明确的方向和依据。

④ 语言应有鼓动性和号召力，能激发公众的激情，从而使倡议能得到很好的开展，达到预期目的。

思考题

1. 倡议书的格式与写法是怎样的？
2. 倡议书与建议书有什么区别？

第十一节 海　　报

情境导入

桃花镇将于××××年11月15日至19日，在镇体育场举办全镇第九届冬季运动会，镇运动会组委会把制作本届冬运会海报的任务交给了组委会宣传员桃花村书记赵××。

如果你是赵××，承担了此项任务，你将怎么制作这个海报？

实例阅读

【例文】

海　　报

著名的××剧团将于本周应邀来我乡做精彩表演，演出主要节目有《霸王别姬》《苏三起解》等。

演出时间：本周星期六、星期日晚上7:00～10:00
地点：××乡群众大舞台
票价：甲级票××元，乙级票××元
售票时间：即日起每日上午10:00至下午4:00
售票地点：××乡群众大舞台售票处
售完即止！勿失良机！

××乡群众大舞台
××××年×月×日

一、海报的概念

海报是一种向公众报道或介绍文艺、体育、报告、展销等某一活动消息的招贴物。由于它的特殊的宣传效果，海报被社会各界广泛采用。

二、海报的特点

1. 广告宣传性

海报招贴的目的是希望社会各界的参与，公众通过海报可以了解相关的活动，而且大部分海报是张贴于公众易于见到的地方，具有广告宣传性。

2. 艺术性

海报为了达到让公众参与的目的，在设计上很注意艺术性和创意，往往通过版面的构成在第一时间内锁住公众的眼球，并获得瞬间的刺激。海报设计者需要将图片、文字、色彩、空间等要素进行完美的结合，以恰当的艺术形式向人们展示出宣传信息。

3. 商业性

海报一般是为某项活动做的前期广告和宣传，其目的是让人们参与活动，往往着眼于商业性目的。当然，有的海报比如学术报告类的海报一般是不具有商业性的。

4. 迅速快捷

海报主要对新近即将发生的文艺、体育、报告、展销等活动消息进行报道，迅速快捷是它的一大特点。

5. 方便灵活

海报内容简单，制作简易、灵活。海报可以是设计精美的艺术宣传招贴，还可以写在大小不等的纸上张贴，既可以用质量不错的展板设计制作，也可以用黑板写清楚告知的内容。重要的海报需要通过报刊、电台、电视台等媒体进行宣传。

三、海报的种类

随着科学技术的发展，很多现代化的手段被应用到海报创作中来。越来越多的海报制作突出了美术创意，形式上也由过去单一的文字招贴走向艺术招贴。

根据内容的不同，海报大致可以分为以下几类。

1. 文艺类海报

这类海报主要是告知电影、戏剧、文艺演出和大型综艺活动的信息。

2. 体育类海报

这类海报主要是介绍体育赛事和活动。

3. 报告类海报

这类海报主要告知举办各种讲座、学术报告、英模报告等内容。

4. 展销类海报

告知各种展览展销活动的海报，比如商品展销、科普展览等。

四、海报的格式与写法

海报写作的内容和结构基本包括标题、正文、落款三部分，以及整体创意和美术设计。海报的美术设计，形式灵活多样，讲究新颖独特。

1. 标题

海报的标题相当关键，这是海报的主题和内容的焦点。标题必须醒目、简洁、新颖。设计时要在字体的大小、颜色和形式上下功夫。海报的标题写法较多，大体有以下一些形式。

① 单独由文种名构成，即在第一行中间写上"海报"字样。

② 直接由活动的内容拟成标题，或适当使用修辞手法突出海报的效果，如"影讯""球讯"，再比如"奇异的世界——海洋生物展览"等。

③ 可以是一些描述性的文字，如"×××再显风采、××旧事重提"。

2. 正文

正文部分因海报的种类不同而不同，正文部分的文字可根据版面的大小设计格式、字体和文字位置，以清晰、美观为标准。一般正文部分要明确以下内容。

① 活动名称种类（电影、报告、比赛等）。

② 简要交代活动具体情况。如晚会内容（节目）、表演团体、时间、地点、票价等；报告会写明报告题目、报告人、地点、时间等。时间、地点要写得明白具体、准确清楚，切忌仅写出大概范围。

③ 必要时还要标明参加的具体方法和注意事项等。

3. 结语

海报可以有结语，在正文之后另起一行，书写"欢迎参加"、"机不可失"等，也可没有。

4. 落款

右下角写落款部分，举办单位、演出单位和张贴日期。

以上的格式是就海报的整体而讲的，在实际使用中，有些内容可以少写或省略。

另外，整体创意和美术设计在海报这种招贴式的应用文中越来越受到重视。比如电影海报，它就像影片的"名片"，以影片最精彩的镜头，配以最美的广告语言加以推介，同时具有艺术性和文化特征。电影海报浓缩了电影的精华，欣赏电影海报就像欣赏艺术品，电影海报可以称之为凝固的艺术，带给观众的是另一种角度的艺术体验。

五、海报的制作要求

① 内容必须真实。海报是对即将发生的文体活动消息进行报道，一定要具体真实地写明活动的地点、时间及主要内容。即使可用一些生动、活泼的鼓动性语言，以吸引观众，但不可夸张失实，胡编滥造，弄虚作假，欺骗公众。

② 文字力求简洁明了，行文要直截了当，语言要生动、活泼，篇幅要短小精悍。

③ 海报的制作要注意艺术性，以吸引观众。为激发公众参与的热情，在保持真实性的前提下，海报要注意设计精致的画面、图案和版式等，以增强其感染力和生动性。

④ 张贴在易为人注意的公共场所，有的可登在报上。

六、海报与广告的区别

（1）相同之处　在于都是为了告知公众某一事物，都具有广告宣传性。

(2) 不同之处

① 海报的特点重在告知和宣传，广告除了宣传外，目的重在营销。

② 海报与广告比，更像是宣传画，并且越来越注重美观艺术。

③ 海报与广告虽然两者都很注重创意和设计，但海报较广告更随意，而且海报制作必须醒目。

思考题

1. 海报有哪些特点？
2. 海报有哪些制作要求？

第十二节 简 报

情境导入

××××年×月×日，昌盛乡召开新农村建设工作座谈会，乡党委李××书记出席了会议并作了重要指示，乡党委副书记、乡新农村工作队长王××主持会议。全体新农村指导员参加了会议，会议主要传达学习×月×日县委召开的新农村建设工作队座谈会议精神，对前一阶段工作情况进行了小结，就指导员驻村开展工作中的困难、问题以及安全管理工作、请销假等各项制度的落实情况进行了广泛的座谈。

根据此次会议情况，昌盛乡新农村建设工作队小王拟制了一份简报。你了解简报吗？

实例阅读

【例文】

农村基层党风廉政建设工作简报

第×期

（总第××期）

××市农村基层党风廉政建设
　　工作联席会议办公室

××××年×月×日

××区采取措施为村级组织换届做准备

一是加强宣传教育力度，明确村级换届工作纪律。借助发行"村情民意"小报和开展"阳光、和谐"廉政教育宣讲下乡进村活动，向基层党员干部深入学习宣传换届纪律要求，着力加强基层干部队伍自身建设，提高广大群众对严肃换届纪律的知晓率，切实保证换届纪律规定入脑、入心。二是加强信访排查力度，坚决做好提前预防处置。针对换届选举期间信访多、矛盾集中的实际，结合开展"进农户问党风"活动，区、镇（办）两级纪检干部进村入户了解党员群众关注的热点难点问题，注重加强与各村党风廉政建设监督员的沟通和联系，详细记录民情日记，梳理出以往村级组织换届选举中出现的情况，协调有关部门及时解决一批苗头性、倾向性问题。三是加强责任追究力度，确保"三委"同步顺利换届。按照省纪委《关于认真做好××××年村务监督委员会换届选举工作的通知》精神，明确要求各级党组织把村务监督委员会换届选举同村党组织、村民委员会换届统筹考虑、同期举行，并明确各镇（办）党委书记为直接责任人。同时规定，对换届中出现的拉票贿选、买官卖官、跑官要官、违规用人、干扰换届等违反换届纪律的，做到发现一起，查处一起，并按照党风廉政建设责任制规定，追究到底，问责到人，努力营造风清气正的村级换届环境。

××市三级联动监督农村党风廉政建设

今年以来，××市坚持市、镇、村三级联动，大力构建农村基层党风廉政建设体系。一是市级检查。由市农村基层党风廉政建设工作联席会议成员单位组成检查组，采取听汇报、查阅资料、走访座谈等方式，对农村基层党风廉政建设工作情况进行检查，先后对21个镇（街道）、217个村提出整改意见523条。二是镇级督导。组织镇（街道）机关干部到村挂职，任村党组织副书记或村委会主任助理，同时担任民情联络员，通过听民声、察民意、记民情等方式，化解农村矛盾953起，调处各类信访问题468件。三是村级述评。村"三委"干部每年初进行廉政承诺，年底前结合年度考核进行述职述廉，村民代表进行现场评议，评议结果在村务公开栏和《村情民意小报》公示，与村"三委"干部评优评先和工资待遇挂钩，对1460名农村基层干部进行了评议，村民提出质询意见2418件，已经解决2275件。

××县开展"进农户问党风"问卷调查活动

为促进"进农户问党风"活动的深入开展，××县积极组织开展"进农户问党风"问卷调查活动。此次调查问卷的发放对象为各乡镇、街道"进农户问党风"活动所确定的农民家庭联系户，通过县乡纪检监察干部走访联系户发放问卷的形式进行。问卷调查重点围绕农村基层党风廉政建设工作情况、基层干部作风、"三务"公开、《村情民意》小报编发、"三资"管理、便民服务、监委会、强农惠农政策、农村基层党风廉政建设存在的突出问题、损害农民群众切身利益的突出问题、解决当前农村基层党风廉政建设中的突出问题应采取的措施等十一个方面的内容。通过问卷调查汇总，98%的农民家庭联系户对农村党风廉政建设工作开展情况表示满意，同时也梳理出意见建议7条，为下一步制定有针对性的工作措施、扎实推进农村基层党风廉政建设提供了保证。

××区强化措施提高农村"三资"管理水平

××区采取措施加强农村"三资"管理：一是建立网络平台，提升动态监管水平。将"三资"管理延伸到村民组，各村组使用新的"三资"管理软件监控网络系统，实现动态管理基础监督平台。同时在区财政局安装服务器，利用财政网在区纪委农村党风室设立终端，建立实时监控平台。二是健全管理制度，提升规范化水平。制定下发了《××区农村集体"三资"管理监控系统管理暂行办法》，严格执行村（组）合同协议管理、票据管理、财务审批等"三资"管理制度，实现村（组）财务管理流程标准化，核算工作规范化。三是完善"三资"台账，提升全面监管水平。各街道"三资"委托代理服务中心配备扫描仪、照相机、触摸屏等办公设施，将记账凭证、招投标文书、会议记录等原始凭证通过扫描输入"三资"管理系统，同时将村（组）集体所有的资产、资源拍照上传，确保账账相符、账实相符。通过触摸屏及时公开各村组"三资"管理、使用情况，保证群众的知情权。

报：省纪委农村党风室。
送：本委常委、副局长，委局机关各厅室、电教中心，市农村基层党风廉政建设工作联席会议成员单位。
发：各县（市）区纪委农村党风室，各县（市）区工作联系点。

（共印×××份）

必备知识

一、简报的概念

简单地讲，简报就是对工作情况的简要报道，是党政机关、人民团体、企事业单位等用以反映问题、交流信息、沟通情况、报道动态的一种简短的、有一定新闻性质的、内部使用的事务文书。常见的有"快讯""简讯""内部参考""动态""情况反映""信息交流"等。这种刊物的报头总是套红印刷，所以又称为"红头小报"。

二、简报的特点

与其他文体相比，简报的特点主要表现在以下几方面。

1. 快

简报在机关文书中以讲究时效著称。报道迅速快捷，使领导和有关部门及时了解动向，掌握情况，以便及时处理解决问题。一些重要情况和信息要在一两天，甚至几个小时之内就要报道出来，类似于"抢"新闻。错过时机编写的简报，就可能失去工作的宝贵时机，使重要情况失去价值。所以，简报的运用要树立强烈的时间观念，编写人员要对客观事物有敏锐的反应能力，快写、快印、快发。

2. 简

这是由"快"的特点决定的，长篇大论，冗长繁杂，势必需要许多时间去推敲，自然快不起来。简，是指简报语言简练，篇幅要短小精悍。一般情况下，一份简报以千字为宜，最长不要超过两千字。如果内容确实重要难以割舍，可以分成几期来写，编成一个统一主题下的简报系列。

3. 真

简报报道的内容要真实可靠，准确无误，不得夸大事实、虚造数据。事实准确是简报的生命所在。

4. 新

（1）材料新　即所反映的是新情况、新事物、新动态、新问题。只有这些新东西才能引起人们的关注，促使人思考。如果简报的内容都是人所共知、时过境迁的陈旧消息，那就没什么价值了。

（2）观点新　即简报要反映新的认识和见解。这就是说，在反映客观情况时，要从新的角度加以分析研究，挖掘出新的内涵，产生新的认识和理解，总结出新的经验。即使是并不十分新鲜的材料，经过认真剖析，也应使其透出新意。这样，简报的内容才能给人以新的思想启迪，打开新的思路。

三、简报的种类

简报根据不同标准，可分成不同种类。

（1）根据性质分类　可分为综合性简报、专题简报等。

（2）根据载体分类　可分为文件式简报、杂志式简报、报纸式简报。

（3）根据时间分类　可分为定期简报和不定期简报。

（4）根据内容分类　可分为以下三种。

① 工作简报。这类简报主要用于反映工作开展情况、总结经验教训、表扬先进、批评后进、指导工作。

② 会议简报。这是反映会议召开情况和会议主要精神及与会人员意见与建议的临时性简报，一般由大会秘书处或主持单位编写。有会议进程简报和会议纪要式简报两种。

a. 会议进程简报，是随着会议的进程陆续编发的，内容是连续的，能比较全面地反映会议各个阶段的情况，包括预备会议情况、开幕式情况、大会发言、小组讨论情况、重要发言摘要等。这种简报的期数根据会议规模而定。

b. 会议纪要式简报，是在某个会议结束时所写的概括会议情况的简报。它可以综合反映会议进展情况，与会人员的重要发言、意见、建议，以及会议决定、领导人的讲话等，起传达会议精神的作用。

③ 动态简报。这类简报主要反映工作动态和思想动态，及时反映工作中的新事件、新成绩、新问题、新建议；反映不同方面对党和国家的方针、政策及国内外重大事件的认识、态度以及思想苗头，为有关部门提供重要信息、情况，具有较高的参考价值，保密性强。这类简报一般要控制发放范围，只上行给有关领导，领导掌握情况后，及时采取措施，解决实际问题，以保证党的方针、政策的贯彻执行。

四、简报与相近文种的区别

1. 简报与新闻的区别

两者都要迅速及时、客观报道新情况，但在传播内容和范围上存在很大区别：新闻是公开发表的，面向全社会的，报道的内容是公众所感兴趣的一切新人新事；简报所报道的内容多为本单位内部或相关部门之间的新情况、新问题，限于内部或相关部门阅读，一般不公开发表。

2. 简报与通报的区别

两者都要及时、真实反映内部重要情况，但在目的、用途和表达等方面有较大不同：通报主要针对正反面典型或具有倾向性的情况向内部通报，目的在于教育人们趋向良好方向发展，一般在叙述情况后要作评价分析；简报报道的情况、信息，主要用于反映问题、交流信息、沟通情况，为领导提供决策或指导依据，只要求客观报道，不作主观分析、评论。

3. 简报与调查报告的区别

两者都有报告情况、反映问题的作用，都要求用事实说话，但它们的写作目的和写作侧重点不同：调查报告是通过深入全面的调查，获得对事实的系统性把握，在对事实概括分析的基础上，提出问题和对策，形成观点，得出规律性认识，要求理论和实际结合，材料、观点统一。简报注重对事实进行简要快速的反映，以达到传递信息、交流情况的目的，少有或没有理论性分析。

五、简报的结构与写法

简报由报头、报体、报尾三部分组成。

1. 报头

报头在第一页上方，约占全页三分之一篇幅，下边用红色间隔线与报体部分隔开。报头内容主要包括以下几方面。

（1）简报名称　位于报头中心位置，用套红大号字体，要醒目、大方，如"档案工作简报""××动态"等。

（2）期数　位于简报名称的正下方，注明"第×期"，有的连续出，还要注明总期数，总期数用括号括入。

（3）编发单位　位于间隔线左上方位置，写编发单位的全称，如"××局党委办公室编""××秘书处编"。

（4）印发日期　位于间隔线右上方位置，写印发简报的年月日。

（5）密级　位于报头左上角位置，用黑体字注明密级或"内部刊物，注意保存""内部资料，请勿翻印"等字样。

（6）编号　在报头右上角，按印数编号，以利于保存和查找。

现行各类简报，一般均含有上述内容，但排版形式多样，有横排，有竖排，在具体编写时可根据情况灵活掌握。

2. 报体

报体是简报的核心部分，是编排文章的部分。其主要内容包括以下几方面。

（1）按语　简报的按语分编者按和编后两种。无论是编者按还是编后，都应当简洁、精练，以事实说话，要讲究艺术，切忌以领导者自居，居高临下，更不能以势压人、以教压人。

① 编者按。编者按属评论性文章，是编者代表简报的主办机关对一些重要事实表明态度、看法，或介绍有关情况。编者按同其他文章相比，较为正规，不能随便发言表态，并且要精、要简，不能拖泥带水。

编者按可长可短，长可达几百个字，短可以只有一句话十几个字。编者按无论长短，其功能概括起来主要有两个方面：一是根据上级有关精神或当前工作中需要注意的问题，对有关重要事实表明态度和看法，明确提倡什么，否定什么，哪些经验值得推广，哪些问题应当引起人们的注意，对工作有明显的指导意义；二是对简报中文章的背景、有关情况加以交代，或对某些问题作补充性说明。

简报编者按的功能和写法，同新闻编者按的功能和写法基本相同。

编者按大多放在文前，按语位于间隔线下，标题之上，也可放在文中。编者按没有题目，在其开头用比正文稍大一点的字"按语""编者按"或"编者按语"加以显示。不必为每篇文章都加按语，但转载的文章一般都加写按语。

② 编后。简报的编者，在编完一篇文章之后，感到有话可讲，就可以将其整理成文，形成编后。编者按较为正规，不可盲目使用，而编后相比之下则较为随便，有触景生情、借题发挥之意。编后可单独成篇，放在文章之后，可有题目，也可以不要题目。尽管编后较为灵活、随便，但也要有的放矢，旗帜鲜明，要善于分析问题，阐述道理，要善于谋篇布局，创新求精。

(2) 标题　类似于新闻标题，形式灵活，但要准确、简洁、醒目，有吸引力。

(3) 正文　一般包括开头、主体、结尾三部分。

① 开头。概括简报的主要内容，或交代时间、地点、事件、人物、原因及结果，给读者一个总体印象。通常采用叙述式、描写式、提问式、结论式写法。

② 主体。它是简报的核心内容，承接前言，引用有说服力的典型材料展开具体内容。主体部分写法较灵活，没有固定模式。

③ 结尾。用一两句话概括主题或对全文作小结，或指出不足及存在的问题，或提出希望及今后的打算。

3. 报尾

报尾位于简报最后一页底部，用间隔线与报体隔开，在横线左下方写明发送范围，再用间隔线隔开，并在横线右下方注明印发份数。

六、简报的写作要求

（1）紧跟形势，反映新事　简报应紧跟新形势，瞄准工作中的新动态，反映本单位的新情况、新问题、新经验，为有关部门决策提供新依据，促进中心工作顺利完成。

（2）真实准确，材料典型　简报要抓准问题，如实反映，既报"喜"又报"忧"；内容真实，不夸大，不缩小，不凭空想象、捏造事实。写作时要紧扣主题，选择最恰当、最典型、最有说服力和表现力的材料加以表现，增强可读性和吸引力。

（3）简明扼要，编发及时　简报贵在简明，表达时注意语言简洁，用词精炼，做到简明扼要，篇幅短小；编发简报要及时迅速，使领导机关及时掌握新情况，处理新问题。

附：简报的具体格式

内部刊物
注意保存

编号：000001

××工作简报
第×期
（总第××期）

××××编

年　月　日

编者按：…………

标　题

（正文）
…………

报：
送：

共印××份

思考题

1. 简报与新闻有什么区别？
2. 简报的报头和报尾有哪些格式？

第十三节 竞聘演讲词

情境导入

××××年×月红旗村开展了新一届村党支部换届选举工作。王××是一位年轻有为的村宣传干事，任职期间，表现突出，工作出色。在选举中，他参加了党支部副书记的竞聘演讲。

竞聘演讲词怎么写才能更好地展示自己？

实例阅读

【例文一】

村支书竞聘演讲词

尊敬的各位领导，全体党员，各位村民代表：

大家好！

非常感谢镇党委领导给我这次展示自我、提高自我、锻炼自我的机会，让我参加××村新一届村党支部书记换届选举。自从我报名参加竞选以来，我一直在思考一个问题：如何才能当好一名村党支部书记？下面我就此问题谈谈我的工作想法。

一、以经济建设为中心，着眼村域经济发展，建设美丽和谐的××村

××村地处高山丘陵地区，坡地多，平地少，远离县城及镇党委政府所在地，交通及水利基础设施薄弱，区位优势很不明显。在这样的自然环境和区位条件下，只有团结带领本村广大党员群众，以经济建设为中心，着眼村域经济整体协调发展，扬长避短，发挥茶叶种植业和加工业优势，积极发展生态旅游业和完善基础设施建设，才能建设美丽和谐的××村。

（一）进一步巩固和发展茶叶种植业和加工业。茶叶种植业和加工业在现阶段可谓是××村的支柱产业，针对本村坡地多、平地少的实际状况，在做好茶叶种植规划的前提下，一是要进一步加大将单产粮食低的坡

地及荒坡改造成茶园的力度，增大茶叶种植面积。二是要积极引进产值高的新茶种及加大早茶种植面积，改善茶叶种植结构。三是要加大茶厂整合力度，积极协调联合各茶厂，增加与茶叶收购商价格谈判的整体实力。四是要积极加强与县镇两级农业主管部门和农技部门的联系沟通，请求其解决在操作过程中出现的技术问题，并同时组织村民参加农业技术方面的培训，转变村民的种植观念和提高村民种植技术。

（二）积极推进中药材种植业。根据本村的地理气候条件和近年来中药材市场价格高涨的实际情况，我认为有必要积极推进中药材种植业，初步打算于明年初，由我及组织几户村民开始种植中药材，摸索好种植技术和经验后在全村推广。

（三）积极做好规划，谋划发展生态旅游业。××村有独特美丽的自然风光，夏季有着凉爽宜人的气候，是避暑的胜地。随着××经济的快速发展，城区人民生活水平的提高，城市市民对于休闲娱乐会提出更高的要求，生态旅游作为一种健康、绿色的休闲娱乐方式，必将受到越来越富裕的××市民的青睐。在这样的条件下，我们必须掌握生态旅游的先发优势，积极做好规划，谋划发展生态旅游业。初步考虑发展徒步旅游、季节性采摘、品茶及天然绿色无污染土特产等旅游项目。

（四）进一步完善交通基础设施建设。俗话说，要想富，先修路，在村村通公路路网的基础上，积极向上级交通建设主管部门争取建设配套资金，团结带领本村广大党员群众投入人力物力，进一步优化公路路线，完善路网结构，提高路面硬化等级，增加公路的覆盖率和通行率，保证阴雨季节道路畅通，方便村民通行及为物流的畅通提供保障，为全村经济的飞速发展插上翅膀。

（五）做好农村剩余劳动力转移工作。众所周知，本村存在大量的剩余劳动力，本人也曾外出打过工。如何提高他们的就业能力，提高打工收入，对此我的想法是：一是要积极与各级农村劳动力转移培训阳光工程领导小组联系沟通，争取他们的培训指标，组织本村剩余劳动力参加其举办的诸如村镇建筑工匠、插花、烹饪方面的培训，提高就业技能。二是积极培养打工带头人，在打工的年轻人中发现头脑灵活、组织领导能力强的人，鼓励其带领本村剩余劳动力外出就业。三是要做好留守老人、留守儿童的照顾工作，对于家庭困难的留守老人、留守儿童要帮助其解决在生活中出现的实际困难，解除外出打工人员的后顾之忧。

（六）积极做好与上级各部门的沟通协调工作。沟通协调是做好工作的桥梁，起着非常重要的作用，对于××村这样一个毫无区位优势，自然资源也不丰富的村来说，做好与上级各部门的沟通协调，争取上级各部门的支持显得尤为重要。具体要做好以下工作,一是积极争取民政救助、优抚等惠民政策,进一步完善低保户、残疾人员等弱势群体的保障功能,全力做到"应保尽保",进一步健全和完善80岁以上老人慰问制度,让全村老年人真正老有所依、老有所养。二是重点要与农业、农技、林业、交通、建设、民政等部门沟通协调,争取政策、资金和技术方面的支持。

二、创建学习型基层党组织,扎实抓好党的建设工作

我们所处的时代是大发展大变革的时代,知识创新、知识更新速度大大加快,本村党支部和全体党员如果不加强学习,就会落后于时代,就无法在这个社会立足。因此若我当选本村党支部书记,将严格要求本村党支部和全体党员,并以身作则,按照《关于推进学习型党组织建设的意见》要求,深入学习马克思主义理论,及时学习党的路线方针政策和国家法律法规,学习党的历史,学习现代化建设所需要的各方面知识,不断在武装头脑、指导实践、推动工作上取得新成效,创建一个适应于时代发展、与时俱进的学习型基层党组织。同时为抓好本村党的建设,将做好以下工作:

(一) 严格执行集体领导和个人分工负责相结合的制度

做到重大问题都能集体讨论决定,把方方面面的积极性充分调动起来,形成工作合力。继续扎实开展以创建"五好"村党支部活动,建设好领导班子,找好发展经济的路子,带好党员队伍,确立和完善好的经营体制,增强支部班子的凝聚力和战斗力,认真抓好党员先进性教育,进一步加强和规范党员队伍管理,发挥好党员的先锋模范作用。同时,认真做好发展党员工作,确保每年发展1~2名新党员。广泛吸收和培养政治素质好、事业心强、敢于拼搏的优秀青年入党,充实党员队伍,使目前农村党员老年化现象得以改善,进一步促进和推动社会主义新农村建设。

(二) 大兴求真务实之风,切实做好党风廉政建设工作

一是要坚持以人民群众的根本利益为出发点,要求广大党员干部必须牢固树立全心全意为人民服务的宗旨意识,必须坚持实事求是精神和求真务实作风,密切联系群众,体察民情,了解民意,多想群众冷暖,少想个人得失,多办实事好事,少讲虚话大话。满腔热情地帮助群众排忧解难。二是要求广大党员干部一切言行都要接受群众监督,自觉当好表率,要认真做好村务公开,将村里的重大事项和财务情况定期在公开栏上公开,接受群众监督,增强工作透明度。同时,要成立村务监督小组,专门对村务进行监督。

最后,参加此次竞选,对我来说是一次难得的学习和锻炼的机会。如果能够当选,我将更加严格地要求自己,积极带领村两委一班人,以群众

的利益为重，视群众为亲人，把群众的利益作为我工作的首要职责，把群众的满意度作为衡量我工作的标准，尽心尽责做好各项工作，决不辜负各位父老乡亲对我的信任和期望。

  我的竞选演讲结束，谢谢大家！

×××
××××年×月×日

【例文二】

××××年村支书竞聘演讲词

尊敬的各位领导，各位党员，各位村民代表：
  大家好！
  首先感谢上级党组织以及在座的各位给予我今天这个机会。前段时间由我村党员群众联名推荐和组织的"两考两试"，最终经上级党组织审核，我有幸成为新一届××村党组织书记的候选人之一，在此，将面临新的选择。
  本人××××年×月至今，一直担任××村党支部书记，多年来在党组织的培养教育下，在××村各位老干部、全体党员干部的关心与支持下，通过基层工作的磨练，自己逐渐成了一个政治立场坚定、工作作风过硬、宗旨意识强的一名优秀共产党人。这次参加××村支书的竞选，我认为自己除了具备作为一名基层工作者必须具备的政治坚定性和政治敏锐性以外，我还具备了以下优势和条件：
  (1) 学习上进的态度养成了我善于应用理论和实践相结合的工作作风
  学习是人一生都要面对的课题，只有不断学习，才能发挥潜在的才能，才能有效地创新工作。在我村工作近二十年的时间里，我曾担任过会计、村委会主任、村党支部书记。在此期间，又在中央党校"经济管理"专业班，较系统地学习了三年的经济管理学及其他学科，并且数次参加了市、区、县举办的有关农村工作学习培训班，使自身的理论知识、文化知识得到了很大的提高，极大地丰富了思想内涵。因此，我能有效地把党关于农村的各项方针政策、法律法规等知识应用到实际工作中去。积极探索和不断地总结工作经验，更为今后的基层工作打下了坚实的基础。
  (2) 丰富的基层工作阅历培养了我的组织协调能力
  当前农村工作面临着新的发展时期，同时也是基层各类矛盾的突发期，怎样才能妥善地处理好改革、发展、稳定三者的关系，作为一名基层干部，尤其是一名村支书，更应具备政治敏锐性和一个清醒的发展思路，以及处理各类矛盾的能力。作为一名村支书,既要坚定不移地贯彻执行党的政策,又要努力地维护好群众的根本利益,解决处理好群众自身不能解决的问题。在将上级政策传达到下级的过程中,在内外沟通的过程中,我学会了统筹规划和综合协调。基层工作培养了我吃苦耐劳、坚强刚毅的品质。在担任村支书期间,我村干部一以贯之的严谨作风及和谐融洽的团队精神,得到了上级党组织的高度赞扬。无论上级部门安排什么工作,无论工作难度有多大,我都以身作则,并能带领村干部一道同舟共济、齐心协力、尽心尽职努力地去完成。

(3) 强烈的事业心、敬业精神促使我不断进取、奋发向上

一个人"在其位则谋其政",在这个职位上就应对工作尽心尽力,就应不断地进取奋进。在担任村支书九年多的时间里,村党支部连续多年被上级党组织评为"先进基层党组织",本人也连续八年被评为"优秀共产党员",各项工作都取得了一定的成效。我十分清楚我村的优势、劣势,对全盘工作有较为周到细致的思路。对在实际工作中所遇到的矛盾,一些热点、难点问题,能够沉着冷静、公正客观地按照党的政策及法律法规去妥善处理。

(4) 坚韧不拔的意志铸就了我求真务实的作风

近年来,我村的各项工作有了实质性的变化,党建工作、经济工作、社会治安稳定工作都协调发展,并使两委班子成员的年龄结构、文化层次得到科学合理的搭配,因此我们拥有了一支团结奋进、宗旨意识强的班子队伍。村民和村集体收入不断增加,群众安居乐业。回顾过去的几年,我的经历其实很简单,不论是在思想上,还是在工作中,我都努力争当一名优秀的共产党员,争当一名为人民服务的村支书。努力实现一个共产党员的梦想,这是无法用金钱来衡量的。记得在一次与女儿的谈话中,我曾用一句话来概括自己的过去,那就是"我把此生最宝贵的人生经历献给了我们党的工作"。虽然没有取得多大的发展,但我问心无愧,无怨无悔。

此次能否竞选成功,我考虑的并不多,一颗红心两手准备,无论何去何从,无论在哪个岗位,我都将一如既往地坚定共产党人的信念,忠诚党的事业。

如果这次竞选成功,我将从以下几个方面入手,做一名称职的村支书,以不辜负组织和党员群众的期望。

(1) 切实抓好党建工作,加强干部队伍的建设

俗话说:"基层不牢地动山摇"。作为执政党最基层的一名组织书记,第一要务是把党的建设搞好,把党的支部班子建设好,让我们伟大的党永

远后继有人,永远兴旺发达。

(2)加强和改善对村级组织的领导

农村党支部是村各项工作的领导核心,要切实加强对村级自治组织、群众组织、经济组织的领导,并组织村委会成员学习党的路线、方针、政策和国家法律法规。指导制定和实施本村经济、文化教育、公益事业等的发展规划。在重要方面把关定向,加强村妇联、共青团等群众组织的领导。群众组织是联系群众的桥梁和纽带,是党支部领导全村工作的助手,党支部要经常了解掌握他们的工作情况,定期研究他们的工作方法,对其作出部署、提高要求。

(3)永远牢记党的宗旨,为民多做实事

认真践行为人民服务的宗旨,以科学发展观总揽全局,继续深入地推进农村"四大基础"工程工作,进一步完善村级治理机制,密切与人民群众的血肉联系,倾听群众呼声,为他们排忧解难。特别是多关心弱势群体,解决好我村贫困党员、五保老人、低保家庭等弱势群众生产生活方面的实际困难,让他们有住的,有吃的,有穿的,有钱看病,有钱上学,让老百姓的日子越过越好。

同志们,随着统筹城乡一体化和建设"世界田园城市"工作的不断推进,农村将面临一场新的大好发展势头。如果这次当选,我将抓住这个前所未有的机会,带领班子成员一如既往地努力工作;如果未当选,但我还是一名共产党员,更应该义不容辞地为党支部工作献计献策。

谢谢大家!

×××

××××年×月×日

一、竞聘演讲词的概念

竞聘演讲词是竞聘者为了实现竞聘上岗的目的在竞聘会议上向与会者发表的一种阐述自己竞聘条件、竞聘优势,以及对竞聘职务的认识,被聘任后的工作设想、打算等的一种文书。

竞聘演讲词又叫竞聘演讲稿、竞聘词、竞聘报告或竞聘讲话稿。它是为通过自由竞争形式达到被聘用之目的而写作的应用文体,是竞聘演讲的书面文字材料。演讲稿的好坏直接决定了演讲的成功与失败。

二、竞聘演讲词的特点

（1）竞争性　竞聘演讲的一个重要特征就是具有竞争性，要凸显人无我有、人有我优、人优我特的竞争优势。

（2）鼓动性　竞聘演讲词要吸引人、感染人就需要一定的鼓动性。

（3）自评性　在竞聘演讲词中要全面而公正地评价自己。

三、竞聘演讲词的种类

一般按职位类属进行分类，有农村干部竞聘演讲词，机关干部竞聘演讲稿，企业干部竞聘演讲词，事业干部竞聘演讲词等。

四、竞聘演讲词的种类格式与写法

竞聘演讲词在结构上一般由标题、称谓、正文、落款等部分组成。

1. 标题

（1）以文种为标题　如"竞聘演讲词"。

（2）以竞聘职位和文种为标题　如"电信支局长竞聘演讲词"。

2. 称谓

一般写"尊敬的各位领导、同志们"，后加冒号。

3. 正文

正文部分一般包括以下内容。

① 问候并表达谢意。"大家好！首先感谢×××给了我这次竞聘的机会！"。

② 接下来介绍自己的基本情况，包括年龄、政治面貌、学历、现任职务和工作经历等一些自然情况。

③ 阐述自己的竞聘优势，如政治素养、业务能力、工作成绩、工作经验和水平等。

④ 阐述被聘任后的工作设想、打算等。

⑤ 最后是结尾，表明竞聘的决心、信心和请求等。

4. 落款

在右下方写姓名和时间。（演讲时不需要读出来）

五、竞聘演讲的要求

1. 气势要先声夺人

竞聘演讲的一个重要特征就是具有竞争性，而竞争的实质，是争取听众的响应和支持。而做到这一点的有效方法之一，就是要有气势，"气盛宜言"。这气势不是霸气，不是骄气，不是傲气，而是浩然正气。有了渊博的才识、正大的精神和对党的事业和人民的深厚的感情，作者就不难找到恰当的语言表达形式。

2. 态度要真诚老实

竞聘演讲其实就是"毛遂自荐"。自荐，当然应该将自己优良的方面展示出来，让他人了解自己。但要注意的是，在"展示"时，态度要真诚老实，有一分能耐说一分能耐，不能为了自荐成功而说大话，说谎话。

3. 语言要简练有力

老舍先生说："简练就是话说得少，而意包含得多。"竞聘演讲虽是宣传自己的好时机，但也决不可"长篇累牍"。应该用简练有力的语言把自己的思想表达出来。

4. 内心要充满自信

著名演说家戴尔·卡耐基曾说过："不要怕推销自己。只要你认为自己有才华，你就应该认为自己有资格担任这个或那个职务。"当你充满自信时，你站在演讲台上，面对众人，就会从容不迫，就会以最好的心态来展示你自己。当然，自信必须建立在丰富的知识和经验的基础上。这样的自信，才会成为你竞聘的力量，变成你工作的动力。

六、竞聘演讲词的写作要求

1. 围绕一个中心

写好竞聘演讲词的核心问题是竞聘者对自己竞聘的岗位要有一个全面深刻的理解与认识，要围绕着竞聘岗位写文章，对岗位认识理解的层次不同，标准、起点不同，那么演讲的质量则不同。

① 对竞聘岗位的理解与认识要有一定的高度。如竞聘某学院图书馆馆长这个岗位时，仅仅理解为图书馆长的职责是完成图书馆日常管理工作是不够的，还应当上升一个高度，即图书馆是学院提高教师、学生综合素质的阵地，是学院精神文明建设的主战场。对岗位的认识有高度，今后的工作思路才能抓得更准，更到位。

② 对竞聘岗位的理解与认识要准确、全面。如竞聘某学院院长这个岗位时，一方面要准确认识院长的岗位职责，是学院发展和建设的带头人，是教学与管理的负责人等等。有的人在竞聘时还提到做好学院党务管理工作等，这样不可以，因为党务工作应当是党委书记的职责，如果对岗位职责认识不准确，可能会引起误会，导致工作开展时的困难。另一方面，要全面认识院长的岗位职责，不仅仅是管理者、领头雁，更重要的是服务者，为学院职工带来更多的效益，创设更优良的工作环境，营造更和

谐的工作氛围等。认识全面到位，工作才能全面到位。

③ 对竞聘岗位的理解与认识要有新意，要做到思想观点新，思维角度新。竞聘者要多关注和研究新形势、新动态、新情况、新问题，得出新结论。对大家一直以来理解的某岗位职责提出自己新的思想观点，也可以运用不同思维方式，从不同角度出发，提出自己对岗位的认识与见解，令听者耳目一新。

应当了解的是对竞聘岗位的理解与认识是一个人综合素质、综合能力的体现，是一个人多年工作经历、经验、体验的总结，并非一日之功。另外，对竞聘岗位的理解与认识虽然是写好竞聘演讲词的中心、核心内容，却不一定要把它完全写到稿子中，而是要使你对岗位的认识在竞聘演讲词中得到全面、准确的体现。

2. 写好两个重点

竞聘演讲词写作重点是竞聘者的优势和今后工作思路两个方面。

竞聘者的优势要抓得准。要抓住适合岗位需要的优势，竞聘者具备的优势要与岗位需求高度一致，如果你竞聘人事处长，竞聘者大讲自己琴棋书画样样通，就是对竞聘优势抓得不准。

3. 把握三个关键

写竞聘演讲词时要把握三个关键：一要心中有听众，二要心中不忘自己，三要充分显示人格魅力。心中有听众要求竞聘者时刻记住自己写的东西是讲给谁听的，要考虑听众想听什么，希望听什么，愿意听什么，你在演讲时把它讲出来。心中不忘自己，你的竞聘演讲要写得让人一听就是你的，而非别人的，要文如其人，充分展示自己的个性特点，切不可人云亦云。或温文尔雅，或雷厉风行，或朴实沉稳，或粗中有细，从管理方式、方法上，从接人待物上，从语言表达方式上等，展示自己的特点。另外，如果你是第一次竞聘这个岗位，应该怎么说；如果你是一个多年从事这项工作的经验丰富的竞聘者，你又该怎样讲。如果你是一个年轻有为的干部，该如何说；如果你是一个转岗干部，又该如何讲。充分展示自己的人格魅力，这是多年来用自己行动让人们信服的一种魅力，包含了竞聘者做人的真诚，高度的责任感、事业心，出色的综合素质、综合能力，具备了这种人格魅力，竞聘者的语言可能显得多余，只要你站在竞聘者的演讲台上，就会赢得一片赞扬，一片崇敬，一片信任。

思考题

1. 竞聘演讲词的正文一般要阐述哪些内容？
2. 竞聘演讲词有哪些写作要求？

第十四节　会议主持词

情境导入

红旗村党支部换届选举大会将于××××年×月举行，李××是上届党支部副书记，受党支部委员会推荐做大会主持人。李××接到任务后，开始着手准备大会主持词。

如果你是李××，这次会议主持词该怎么写？

实例阅读

【例文】

××村党支部换届选举大会主持词

×××

（××××年×月×日）

同志们：

我村本届党支部任期届满，按照《党章》等有关规定，应进行换届选举。为此，今天特召开本次党支部换届选举大会。下面我宣布：××村党支部换届选举大会现在开始！

大会进行第一项：清点到会的党员人数

（预先安排一名党员对照党员花名册清点到会人数，完毕后，填写《与会党员人数报告单》送主持人）

我村党支部共有党员×名，其中预备党员×名，有选举权的×名。今天应到有选举权的党员×名，实到有选举权的党员×名，超过应到会人数的4/5，符合规定，可以进行选举。（对应到会党员有异议的，由党员大会表决确定）

大会进行第二项：请候选人作竞职演讲

先宣布一下新一届党支部委员会候选人名单。根据有关规定和本村实际，我村新一届党支部委员会由×人组成。根据"两推"情况，经街道党工委审查同意，我村新一届党支部委员候选人为×人，以姓名笔画为序，分别是：×××、×××、×××、×××。

下面，请候选人按公布的顺序，依次进行竞职演讲，并回答党员提出的问题。

下面首先请×××同志开始演讲，大家欢迎！

（演讲结束）

与会党员有什么问题，可以向候选人进行提问，由候选人逐个进行解答。

接下来，由候选人×××进行演讲。

（直至竞职演讲全部结束）

大会进行第三项：表决通过选举办法

（主持人宣读选举办法）

同意的请举手，请放下；不同意的请举手，请放下；弃权的请举手，请放下。

一致通过。

大会进行第四项：推选大会监票人、计票人、唱票人

根据《选举条例》规定，需要全体党员从不是候选人的党员中推荐监票人、计票人、唱票人各1名，根据党支部研究的意见，提名×××同志为监票人，×××同志为计票人，×××同志为唱票人，请同志们酝酿一下（稍候）。

现在举手表决。同意×××同志为监票人的请举手，请放下；不同意的请举手，请放下；弃权的请举手，请放下，一致通过。同意×××同志为计票人的请举手，请放下；不同意的请举手，请放下；弃权的请举手，请放下，一致通过。同意×××同志为唱票人的请举手，请放下；不同意的请举手，请放下；弃权的请举手，请放下，一致通过。

大会进行第五项：投票选举

下面，再次核定一下有选举权的党员人数。

（核实完毕）

下面，请监票人、计票人分发选票。

（发票完毕，核实一下是否都拿到选票）

下面，讲一下填写选票的注意事项：这次党支部委员会选举，实行差额选举，正式候选人×名，应选×名，差额×名。对选票上所列候选人同意的，在其姓名上面的符号栏内划"√"，不同意的在其姓名上方的符号栏内划"×"，弃权的在其姓名上方的符号栏内不作任何符号，如另选他人，就在后面的空格内写上另选人的姓名。每一选票所选人数等于或少于×人为有效票，多于×人为无效票。到会党员因故不能填写选票的，可以委托不是候选人的党员代写，委托不能超过1票，但没有到会的党员不能委托他人代写。选票一律用钢笔、碳素笔或圆珠笔填写。

下面，首先请监票人、计票人、唱票人到秘密写票处填写选票。

（监票人、计票人、唱票人填写完毕后）

下面，开始投票。

先请监票人、计票人检查票箱。

（待检查完毕）

请监票人、计票人投票。

下面请其他党员依次到秘密写票处填写选票，填写完选票后依次投入票箱。

（待投票完毕）

下面，请监票人、计票人开箱清点选票。

（监票人开箱清点选票。清点结束后，填写《××村党支部委员选票清点报告单》，报告主持人）

本次大会应到有选举权的党员×名，实到有选举权的党员×名，发出选票×张，收回×张，选举有效。（收回的选票等于或少于发出的选票，会议有效。）

下面，开始计票。

请先将有效票分离出来，然后由唱票人、计票人在监票人监督下逐张唱票、计票。（唱票人读票时，声音应尽量放大。计票人按唱票人读出的姓名，在黑板上写好的正式候选人下方如实作出标记。被选人如果不是候选人，计票人应在黑板上如实写上被选人的姓名，并在其姓名下方作出标记。监票人要监督唱票人所读姓名是否与选票相符和计票人记录的姓名与唱票人所读的姓名是否相符。计票结束，分别计算出每一个候选人所得的票数，并填写《××村党支部委员选举计票结果报告单》，报主持人）。选举结果向街道党工委领导汇报。

大会进行第六项：宣布支部委员会委员当选名单

下面，我宣读一下计票结果。（宣读计票结果报告单）

根据选举结果，现在我宣布：×××、×××、×××、×××同志当选为我村新一届党支部委员会委员。（得票数超过实到会有选举权人数的半数，始得当选。当选人多于应选名额时，以得票多的当选。若得票超过半数的人选中，多人得票相等，不能确定当选人时，应就票数相等的被选举人重新投票，得票多的当选。如遇当选人少于应选名额时，对不足的名额另行选举。也可经大会同意，对不足名额不再选举，以后另行增补。已进行两次选举均未选出的，不再进行第三次选举。）

大会进行第七项：召开新一届支委会第一次全体会议

下面，请新当选的支部委员到××（地点）开会，其他同志原地休息。

（村党支部委员会第一次全体会议结束后）

选举结果向街道党工委领导汇报。

大会进行第八项：公布支部委员会第一次全体会议选举结果

同志们，现在继续开会。刚才，新当选的支部委员会召开了第一次全体会议，以无记名投票的方式，选举产生了党支部书记。现在宣布选举结果：

经中共××村支部委员会全体会议选举，×××同志当选为××村党支部书记。按照有关规定，党支部书记任职需经街道审批公布。

大会到此结束，散会！

（会后，由选举工作人员与监票人、计票人将选举结果和原始选票及有关表格报街道党工委）

必备知识

一、会议主持词的概念

会议主持词就是会议主持人在会议召开过程中组织串联会议各个环节各个议程的文稿。

二、会议主持词的作用

拟写会议主持词，是会务秘书人员的一项经常性工作。写好会议主持词，对于保证会议的顺利进行，提高会议的效率和质量，具有不可忽视的作用。

三、会议主持词的种类

各级党政机关等日常召开的各种会议，按其内容和性质大体可分为法定性会议、工作性会议、临时性会议、纪念激励性会议等几种类型。与此相适应，会议的主持词也可分为以下几种类型。

（1）法定性会议主持词　如党代会、党的代表会议、党委全会、纪委全会的主持词。

（2）工作性会议主持词　如市委工作会议、县委书记会议、经济工作会议、农村工作会议、村委会工作会议等的主持词。

（3）临时性会议主持词　如报告会、座谈会、现场会、电视电话会的主持词。

（4）纪念激励性会议主持词　如庆祝大会、纪念大会、表彰大会、大型活动集会的主持词。

四、会议主持词的特点

会议主持词，作为一种独特的文体，在篇章结构、词语运用、句式选择、语言风格等方面，都有其独特之处和要求。与其他文种相比，主要有以下几个特点。

1. 附属性

主持词是为会议上领导讲话或其他文件服务的，不能脱离会议这个核心，主持词的结构是由会议的进程环节决定的，主持词的内容是由会议的内容决定的，所以会议主持词具有附属性。

2. 条理性

无论是大型会议，还是中小型会议；无论是长会，还是短会，主持人都要把会议内容逐项告诉与会者，因此，凡是有两项程序以上的会议，主持词都要分项表述清楚，使其条理清晰，层次分明。

3. 简要性

会议主持人必须高度概括地将会议的背景、规模、议程、要求等向与会者作介绍和阐述，要抓住重点，提纲挈领。而且主持词的语言要简明扼要，干净利落，切忌套话、废话。

4. 头尾重

会议主持词的主要部分在开头的会议背景介绍和结尾的会议总结、任务布置两部分，中间部分分量较轻，只要简单介绍一下会议议程就可以。因此，会议主持词的撰写，重点在开头和结尾。

5. 统揽性

因为主持人是纵观会议始终，把握会议全局的负责人，所以由他表达出来的语言，必须富于统揽会议全局的概括力和表现力。

五、会议主持词的格式与写法

会议主持词的结构一般包括标题、称谓、正文三部分。

1. 标题

主持词的标题力求简洁明了、直截了当，是什么会议就用什么名称，不用拐弯抹角、含蓄隐讳，也不需要描写性、抒情性的语言。如"××市第×次党代会开幕大会主持词""中共××市委工作会议主持词"等。

在标题左下方顶格处，可分行写明会议的时间、地点、主持者，或者只在标题正下方中间处用小括号注明主持者的姓名。

2. 称谓

主持开始前要有称谓，主持人应视不同的与会人员、不同的场合，选用不同的称呼，一般用泛称，如"各位领导""各位来宾""各位代表""同志们"等。在特殊情况下，如地位、职务较高的领导、专家莅临下级单位指导工作时，可以针对某位领导，用特称，如"尊敬的×省长""尊敬的×厅长"等。主持中间也应适当用称谓，以引起注意，起到承上启下的作用。

3. 正文

正文由开头、主体、结尾、结束语四部分组成。

（1）开头　开头部分主要说明会议的重要性、必要性和一些基本情况，内容上一般包括以下几部分。

① 会议背景：主持人首先要简单介绍一下召开会议的背景，这部分的篇幅不宜太长，用几句话交代一下，使与会者知道开会的依据、目的及其重要意义就行。力求做到开门见山，直言其事。

② 会议主题：会议主题即会议任务，是构成会议的主要因素，也是主持词的核心部分。如果没有主题或主题不明确，就没有开会的必要，所以，主持人必须简要而准确地向与会者交代清楚会议的主题是什么。

③ 会议规模：这部分主要是介绍与会人员，包括与会者的身份、人数以及一些相关的情况。如"光临今天会议的领导和来宾有：××市委书记、××市市长"。介绍的顺序，一般先上级后下级，先来宾后主人。在一些特殊情况下，对参加会议的人员中虽然职务不高，但位置非常关键的人物，也应先介绍。对上级领导和来宾，主持人应以东道主的身份表示热烈的欢迎和衷心的感谢。

（2）主体　主体部分是会议的主要议程，也是主持词的核心部分。这部分是向与会者全面介绍会议的总体安排和具体开法，有以下几种方式。

① 可先总说后分说，如"今天的会议主要有×项议程：一是×××××××；二是×××××××；三是×××××××"，然后分条说，"下面进行第一项议程×××××××"。

② 也可直接分条说，如"今天的大会主要有×项议程，下面进行第

一项议程××××××××"。

③ 还可以不明确说有几项议程，如"××××××××大会现在开始。首先，请×××同志致辞，大家欢迎。""下面，欢迎×××同志讲话。""接下来，欢迎×××同志致辞。"

不过，在两项议程之间主持人需要做一个简短的、恰如其分的评价，使这两项议程能自然地"串"起来，起小结和过渡作用，给人以连续感。

另外，在顺次介绍会议的每项议程时，切忌千篇一律，要讲究灵活性和多变性，不要都用"下面×××××××"，可以间隔用"下面""接下来""下一个议程是"等之类的话。

会议主持词的主体部分写作较为简单，只要过渡自然、顺畅，能使整个会议连为一体就可以了。

（3）结尾　主持词的结尾是在会议全部议程结束后，主持人对整个会议进行总结，并对如何贯彻落实会议精神提出要求，作出部署，这部分是会议主持词的重点。要写好这部分，要做到以下几点。

① 语言要简洁明了，高度概括。
② 要求要明确具体。
③ 布置任务要全面，不能漏项。
④ 根据会议的内容和性质，选择不同的写作方式。
⑤ 要求与会单位将会议贯彻落实情况报告会议组织单位，以便检查。

（4）结束语　结束语是主持词的收束。会议结束时，主持人要宣布散会或休会，这些都要写进主持词里，如"中共××市委××届××次全会的议程全部进行完毕，散会"。如果会议有奏（唱）《国歌》的要求，也要写上。

六、会议主持词的写作要求

会议主持词，作为一种常见的应用文体，有其独特的篇章布局、语言风格和习惯等。要想写好会议主持词，必须要紧密结合工作实际，加强学习，注意实践。在具体的写作过程中，着重要把握以下几方面。

1. 清楚议程，认真策划

在写一篇主持词之前，一定要清楚地知道会议的背景和每一项议程，并认真分析每项议程之间"孰轻孰重"，然后确定议程的项目。排列顺序的过程就是"串""联"主持词的过程。确定每项的顺序，没有固定的方法和法则，但要坚持便于会议的顺利进行、提高会议的整体效果和符合逻辑的原则。在确定好会议议程顺序以后，就要认真考虑如何写开场白、如何形成高潮、如何结尾，这都是主持词不可或缺的一部分，要潜心研究、认真策划。

2. 注意条理，衔接得当

不管是写什么样的主持词，都要有条理性。没有条理，主持词将失去它存在的价值，也无法将整个会议"串"起来。但仅仅"串"起来还不够，还必须"串"得自然、流畅，衔接得当，这就需要在选词造句时特别要注意考究。如在选择连接词、转折词时，要恰到好处，同一词汇不要多次出现，同一意思要选择不同的词汇来表达，力求达到殊途同归的效果。

3. 善于应变，勇于创新

会议主持词的写作没有固定的格式。不同内容的活动，采用不同的语言和风格。比如，法定性会议与临时性会议在语言和风格上肯定不一样，有的单位领导喜欢一字不漏地念稿子，有的单位领导喜欢临场发挥、侃侃而谈。在写有讨论议程的主持词时，就更要善于应变，如"各位领导、同志们，刚才大家就……等问题发表了很好的建议和意见，并就……等问题进行了讨论。"这些用省略号省略的问题都是随机的，很难预见的。还有在会议进行的过程中会发生一些意想不到的问题，这都需要在起草主持词时，力求考虑到所有可能发生的事情。同时，不能千篇一律，要突出每篇主持词的个性和特色，勇于创新，不能是"老一套"。

4. 巧于结尾，赢得听众

从人的认知角度来讲，一件事情的开始和结束阶段留给人的印象最深刻。会议主持词结尾写得怎样，直接关系到会议召开的效果和影响。在起草主持词的结尾部分时，语言要有鼓动性，内容要有号召性，力求营造良好的会场气氛。主持者要充分展现自信和魄力，正视前进中的困难，但坚信事业能够成功，勇往直前，引起听众强烈的共鸣，最大限度地赢得听众，从而使会议的效果化作听众的自主意愿和自觉行动，成为促进工作目标实现的强大动力。

思考题

1. 会议主持词的正文一般包括哪些内容？
2. 会议主持词有哪些写作要求？

第十五节　开幕词、闭幕词

情境导入

××××年金秋，红旗村村办企业红旗蔬果有限公司举办了首届文化节，公司总裁刘××代表公司向前来参加文化节开幕式的乡镇各位领导、各位朋友致开幕词。文化节圆满结束时，他又在文化节闭幕式上致闭幕词。

怎么写开幕词、闭幕词？需要注意哪些问题？

【例文一】

在××××农资农副产品
展销会开幕式上的致辞
（××××年×月×日）

各位领导、各位来宾、朋友们：

在这秋高气爽、硕果累累的季节，由××市及金土地农业科技开发中心共同联办的××××农资、农副产品展销会今天在这里隆重开幕了。在此，我代表中共××市委、市政府及57万各族人民，向前来参加开幕式的各位领导和各位来宾表示热烈的欢迎和诚挚的谢意！

素有"塞外江南"之美誉的××市，是国家重要的商品粮、优质商品棉基地，也是著名的瓜果之乡，红富士苹果、香梨、薄皮核桃、杏、葡萄、甜瓜等特色产品在全国乃至世界都享有盛誉。千百年来，在这片古老的热土上，各民族人民相濡以沫，休戚与共，共同用勤劳的双手缔造了自己的美好家园，使这片古老而年轻的绿洲更加充满生机与活力。××市——这座新兴的环保型生态城市正以其崭新的姿态走向全国，走向未来！

近年来，在地委、行署的正确领导下，××市紧紧抓住西部大开发的历史机遇，牢固树立全面、协调、可持续的科学发展观，统筹经济社会协调发展，依托中心城市的区位优势和资源优势，以建成××最大的商贸集散地、轻纺城和××一流的农业区为目标，进一步调整优化产业结构，加快体制创新和科技创新步伐，加大招商引资力度，大力鼓励和扶持非公有制经济发展，积极发展开放型、融合型经济，实现了经济的跨越式发展和社会各项事业的全面进步，××市正处在历史上最快最好的发展阶段。近年来，国内生产总值、财政收入、农牧民人均纯收入等主要指标年年都保持了两位数以上的递增；社会事业全面进步；基本经济竞争力在西部11个省（区）百强县市排名第22位，在××排名第三；精神文明建设捷报频传，先后获得了"国家卫生城市"、"全国双拥模范城"三连冠、"全国园林绿化先进城市"、"全国科技进步先进县（市）"、"中国人居环境范例奖"、"自治区级文明城市"四连冠等称号。

举办本次展销会的目的在于，进一步加强××与内地的经贸合作交流，广泛吸引国内外知名农资企业到××开拓市场，加快××农业产业化发展步伐，促进农业产业结构调整优化，提高农产品的市场竞争力，确立××市在××农资、农副产品交易中心的地位。

各位领导、各位来宾、各位朋友，雄关漫道真如铁，而今迈步从头越。今后，我们将牢牢抓住这个执政兴国的第一要务，进一步增强加快发展、率先发展的责任感和使命感，坚持一切为了发展、一切服从发展、一切服务于发展，坚定不移地走农业稳市、工业强市、商贸活市、科教兴市和融合发展的路子，力争在××率先全面实现小康社会、率先实现工业化县市。

八方宾客因盛会而欢聚，四海朋友为商机而到来。我们真诚地希望国内外朋友和客商各位新老朋友通过这次××××农资、农副产品展销会，找到自己理想的合作对象，放心投资，安心创业，舒心获利，共同发展。我们决心以这次展销会为契机，加快农业产业化的发展，促进农业增效、农民增收、农村稳定。我们坚信××市一定会成为国内外朋友投资兴业的乐园。××市的明天必将更加灿烂辉煌！

最后，预祝大会取得圆满成功，祝各位领导、各位来宾、各位朋友身体健康、万事如意！祝各位在××市度过愉快的时光。

谢谢大家！

【例文二】
在全民运动会闭幕式上的讲话
（××××年×月×日）

各位领导、各位来宾、朋友们：

×××首届全民运动会，经过四天紧张的比赛，终于胜利闭幕了。这次大会，处处涌现出团结、紧张、严肃、活泼、文明守纪、勤奋进取的氛围，圆满完成了各项既定议程。

本届运动会的成功召开，与上级部门的大力支持分不开，与全处干部及广大群众的辛勤工作、共同努力是分不开的。特别是××、××两个村为本次运动会的顺利召开提供了很大的便利，在此我代表×××党工委，对本届运动会的成功举办表示热烈的祝贺，对全体运动员、裁判员和工作人员的辛勤劳动表示衷心的感谢，并对取得优异成绩的单位和运动员表示衷心的祝贺。

为参加本次运动会，赛前各代表队都经过了充分的准备，组织有序，发扬了不怕苦不怕累的拼搏的精神，放弃了周末休息时间全情投入，比赛中参赛者遵循了"友谊第一、比赛第二"的宗旨，互敬互让，表现出了高尚的风格。

举办运动会是贯彻实施《全民健身计划纲要》的重要举措，它有利于我们不断挑战自我、追求卓越，正是由于全体运动员、工作人员在本次竞赛中的热情参与、公平竞争、奋斗拼搏、勇于夺冠，才达到了凝聚力量、振奋精神的目标。

让我们以本次运动会所发扬的团结互助、勇于拼搏、敢于争先的精神为动力，以"三个代表"为重要思想，在市委、市政府的正确领导下，脚踏实地、迎难而上、开拓进取、继往开来，为×××三个文明的共同发展做出新的贡献。

最后，祝大家工作顺利、身体健康！

现在我宣布：首届全民运动会闭幕！

必备知识

一、开幕词

1. 开幕词的概念

开幕词是在重要会议、重大庆典或有关文体、公益、商业等各类大型社会活动开幕时由主持人、社会名流、主要领导人或主办方负责人发表的"致辞"。

它以简洁、明快、热情的语言阐明有关会议或活动的背景、性质、目的、任务、重要意义以及必要的会议议程或活动环节安排说明等，对会议或活动起着重要的指导作用。致开幕词是一个必不可少的程序，标志着会议或活动的正式开始，故开幕词被视为会议或活动的序曲。

2. 开幕词的特点

（1）宣告性　开幕词是会议或活动正式开始的标志，此后，会议的各项议程或活动的各个环节陆续展开。因此，开幕词起到了宣告会议或活动开始的作用。

（2）指导性　开幕词一般要明确会议议题或活动环节，阐明会议的宗旨、任务、目的、意义等，这对开好会议或办好活动起到了明确的指导作用。

（3）鼓动性　开幕词要用热烈的语言对来宾表示欢迎，对会议或活动的圆满成功表示预祝，对会议或活动的宗旨、目的、意义进行说明，宣传鼓励参与人员共同开好会议或举办好活动。

3. 开幕词的作用

开幕词是"序幕"，是"开场白"，集中体现了大会或活动的指导思想，起着定调的作用，对引导会议或活动朝着既定的正确方向顺利进行，保证会议或活动的圆满成功，有着重要的意义。

其重要作用主要体现在以下几个方面。

① 以正式的形式郑重宣布会议或活动开幕，营造出隆重、热烈的开场气氛。

② 阐明举行会议或活动的主旨及意义，统一参与者的认识，推动会议或活动达到预期效果。

③ 为主办方提供了展示业绩和精神风貌的途径，具有沟通感情的公关效应和较好的宣传效应。

4. 开幕词的写法

开幕词一般由标题、署名、日期、称谓、正文和结束语等几部分组成。

（1）标题

① 有的直接以文种"开幕词"作为标题。

② 有的用事由（会议或活动名称）加文种构成，如《北京奥运会开幕词》。

③ 有的标题用致词人加事由加文种组成，如"×××在×××（会议或活动名字）上的致辞（或讲话或开幕词）"。

④ 有的用双标题，主标题是会议或活动的主旨或中心内容，副标题是事由加文种，如巴金的《我们的文学应该站在世界的前列——中国作家协会第四次代表大会开幕词》。

（2）署名　署上致词人的姓名，放在标题下面居中位置，如果标题中有致词人的名字，则署名省略。

（3）日期　开幕词的时间（××××年×月×日），一般写在标题下面的正中位置，加括号。

（4）称谓　一般根据会议或活动的性质及与参与者的身份采用不同的称谓。常见的有"尊敬的各位领导、各位来宾，同志们、朋友们""尊敬的各位代表、朋友们""尊敬的各位嘉宾、女士们、先生们"等，称谓前根据情况加"尊敬的"等敬词，称谓后加冒号。

（5）正文　开幕词的正文一般包括开头，主体和结尾三部分。

① 开头：宣布会议或活动的开幕，交代会议或活动的名称和内容，介绍会议或活动的规模、参与者的身份等，如"参加这次大会的代表有×××人，其中有来自……"，并对会议的召开及对与会人员表示祝贺。需要说明的是，开头部分即使只有一句话，也要单独列为一个自然段，将其与主体部分分开。

② 主体：这是开幕词的核心部分，通常包括以下两项内容。

a. 阐明会议或活动的背景和意义，通过对以往工作情况的概括总结和对当前形势的分析，说明会议或活动是在什么形势下召开，为了解决什么问题和达到什么目的；

b. 阐明会议或活动的指导思想，提出中心任务，说明主要议程或活动环节和安排。

③ 结尾：提出希望和要求。

（6）结束语　开幕词一般以"祝愿大会（活动）获得圆满成功"作结，要简短、有力，并要有号召性和鼓动性，写法上另起一段。

5. 开幕词的写作要求

（1）要全面了解会议或活动情况　开幕词要提出大会的议题或活动环节，指出指导思想，提出任务要求等，如果不了解会议或活动的内容，就可能"跑题"或表述不正确。

（2）主题明确，条理清晰　开幕词要围绕会议或活动主题，阐明其指导思想和主要议题或环节；结构安排牢牢把握"繁则分项，简则综合"的原则，层次分明，条理清晰。

（3）措辞得体，语言简洁　开幕词往往定下了整个会议或活动的基调，因此表达时要根据会议或活动主题营造与之相适应的气氛。开幕词注意措辞要得当，大方有礼，亲切热情，做到口语化，多选用富有鼓动色彩的句式，以传达出热烈、恳切的感情色彩，切忌言不由衷，虚情假意。语言要简洁明了，篇幅要短小精悍，切忌长篇累牍，言不及义。

二、闭幕词

1. 闭幕词的概念

闭幕词对应于开幕词，是在重大会议或大型活动即将结束时，由主办方的领导人对会议或活动所作的评价和总结性讲话。

凡重要会议或重要活动，与开幕词相对应，一般都有闭幕词，这是一道必不可少的程序，标志着整个会议或活动的结束。

闭幕词通常要对会议或活动作出正确的评估和总结，充分肯定会议或活动所取得的成果，强调会议或活动的主要精神和深远影响，激励有关人员宣传会议或活动的精神实质和贯彻落实有关的决议或倡议。

2. 闭幕词的特点

闭幕词与开幕词一样，具有简明性和口语化两个共同特点。闭幕词还具有总结性、评估性和号召性的特点。

（1）总结性　闭幕词要对会议或活动进行简要总结。如果是会议，包括会议进程情况、解决了哪些问题、与会者提出了哪些意见和合理化的建议、今后努力的方向等；如果是活动，则总结活动的开展情况、活动的环节、活动的完成情况、活动的收获等。因此，具有很强的总结性。

（2）评估性　在闭幕词中，不仅要对会议或活动作简要概括，更要对整个会议或活动作总体评价。如会议的收获与作用、意义与重大影响等。这对于激励参与者贯彻会议或活动精神具有重要作用。

（3）号召性　为激励参与者实现会议或活动提出的各项任务、希望和要求而奋斗，增强参与者贯彻其精神的决心和信心，闭幕词的行文充满热情，语言坚定有力，富有号召性和鼓动性。

3. 闭幕词的作用

① 宣布会议或活动闭幕，与开幕词首尾相照应，显示出会议或活动组织的严密性和有序性。

② 对会议或活动进行评价和总结，使参与者更深刻地了解主题。

③ 提出今后的工作任务，激励参加者认真贯彻执行会议或活动精神。

④ 表达主办方良好的祝愿与谢意。

4. 闭幕词的写法

闭幕词一般由标题、署名、日期、称谓、正文、结语组成。

（1）标题　闭幕词的标题与开幕词的标题相似。

① 有的直接以文种"闭幕词"作为标题。

② 有的用事由（会议或活动名称）加文种构成，如《××市科学技术协会第×次代表大会闭幕词》《市政协会议闭幕词》。

③ 有的标题用致词人加事由加文种组成，如"×××同志在×××（会议或活动名字）上的闭幕词"。

④ 有的用双标题，主标题是会议或活动的主旨或中心内容，副标题是事由加文种。

（2）署名　署上致词人的姓名，放在标题下面居中位置，如果标题中有致词人的名字，则署名省略。

（3）日期　闭幕词的时间"××××年×月×日"，一般写在标题下面的正中位置，加括号。

需要说明的是，日期有时放在署名之上，有时放在署名之下，两种都可以。

（4）称谓　与开幕词的写法基本相同。

（5）正文　闭幕词的正文一般包括开头、主体、结尾。

① 开头：一般要用简洁的语言，说明大会或活动经过全体参与人员的努力，已经胜利完成预定任务，宣告会议或活动现在就要闭幕了。

② 主体

a. 对大会或活动进行概括总结，列举会议或活动完成的任务和取得的成果，进行简要评价，对与会者的努力给予充分的肯定，不能过于空泛笼统。

b. 提出贯彻会议或活动精神的希望和要求，要突出会议或活动精神，体现会议或活动宗旨。

③ 结尾：闭幕词的结尾通常比较简单，最常见的说法是"现在，我宣布，×××闭幕"，郑重宣布大会或活动胜利闭幕。

（6）结语　致谢，"谢谢大家"。

5. 闭幕词的写作注意事项

① 闭幕词与开幕词内容相呼应。如果开幕词中提出了相关议题，那么闭幕词中则要作出回应，说明议题的完成情况。只有首尾呼应，才能显示会议或活动开得圆满、成功。

② 注意闭幕词与会议（活动）总结的区别。闭幕词注重概述情况，而总结则偏重围绕主题具体阐述；闭幕词融入情感，有口语化色彩，总结用书面语，具有逻辑性；篇幅上闭幕词更短小精炼些。

思考题

1. 开幕词、闭幕词有哪些特点？
2. 开幕词、闭幕词的标题怎么拟写？
3. 开幕词、闭幕词的正文分别包括哪几部分内容？

第十六节　解　说　词

情境导入

××××年4月10日至15日，昌盛乡蔬果加工集团总公司拟举办一年一度的大型春季运动会，届时当地电视台实时直播开幕式盛况，公司把解说任务交给了公司宣传部部长李××。这是公司第一次电视直播运动会开幕式，是展示员工精神面貌和宣传公司的好机会，解说任务无疑是非常重要的，李××要带领团队精心准备，迎接挑战。

如果你是李××，能否配合开幕式交出一份精彩的解说词呢？

实例阅读

【例文】

农民运动会代表队入场解说词

（一）

随着雄壮激昂的乐曲，踏着整齐有力的步伐，迎面走来的是如意乡代表队。如意乡位于××地区的东北部，下辖6个行政村，人口1.3万人，以油茶、优质稻等特色产业闻名远近，素有"油米之乡"的美誉。今日的如意乡，紧紧围绕"生态发展、绿色崛起"主战略，坚持"小乡要有大作为、小乡更要争一流"的理念，日益呈现出经济稳步发展、社会和谐稳定、人民安居乐业的良好态势。

本届运动会，如意乡派出了19名运动员，参加乒乓球、羽毛球、30米负重往返跑、拔河等项目的竞赛，他们来自各行各业，年龄最大的57岁，最小的22岁，真正体现了"全民运动"的意义所在。他们用敏捷的身姿，划出绚烂的弧度；他们用矫健的步伐，迈出悠扬的距离，他们的爆发,将诠释运动的力量。他们将在本届运动会中以强健的体魄、饱满的激情和昂扬的斗志来展现如意人民坚韧顽强、拼搏向上的精神和对生活的无限热爱。

(二)

兴隆镇位于××的东北部,是我县的一个中心乡镇,有"鱼米之乡"之美称。全镇土地面积128平方公里,其中耕地22867亩,林地82600亩。辖16个行政村、274个村民小组,一个居委会,人口3.4万人,其中农业人口29795人。兴隆镇党委、镇政府紧紧围绕我县"生态发展、绿色崛起"发展战略,凝心聚力、强化措施、潜心落实,全面建设"三个基地一个中心",即油茶和桂花产业建设的示范基地、劳动密集型企业的承接基地、人力资源培育的成长基地、统筹城乡发展的中心乡镇,大力实施16项重点工程项目,全镇经济与社会各项事业呈现出良好发展势头,党的建设得到全面加强,社会和谐稳定,人民群众安居乐业。

本届运动会,兴隆镇派出36名运动员参加全部项目的角逐。兴隆体育健儿决心在运动会上赛出成绩、赛出风格,力争实现精神文明和竞技成绩的双丰收。

(三)

百花镇位于县城东部,素有××"东大门"之称,是县工业园区所在地。全镇辖10个行政村,140个村民小组,4545户农户,农业人口17714人;面积74平方公里,其中耕地面积9008亩,山林面积7563公顷。百花镇距离××高速公路出入口25公里、××机场35公里,至××城区45公里,距××县城6公里,省道××线从中穿过,全镇实现了村村通水泥路,交通十分便利。

百花镇牢固树立"生态发展,绿色崛起"理念,围绕"服务园区、承接县城、凸显特色、率先崛起"的发展思路,大力实施"工业强镇、产业兴镇、商贸活镇、党建亮镇"发展战略,努力打造全省小城镇建设"示范镇",未来五年,百花镇将成为××县最具发展活力的乡镇之一,并将融入县城,成为县城东城区。

(四)

迎面走来的是桃花镇代表队。这支队伍由桃花镇镇政府和桃花镇学校组成,桃花镇文化底蕴深厚,是著名的×××故里,他与北宋名士×××的故事至今依然传诵不绝,深厚的文化底蕴和得天独厚的自然环境也孕育出了淳朴的民风。今天,全镇上下在乡党委、政府的带领下,积极在经济、社会、文化、生态各条战线上下功夫,共同谱写山村和谐新局面。

壮志雄心九天振,政通人和民心齐,一个更加平安、和谐、生态的新桃花镇形象正日以彰显。这次桃花镇代表队将秉承"超越、进取、拼搏"的精神,以积极参与、互相学习、再接再厉、勇攀高峰的良好风貌,在赛场上挑战自我,争创佳绩!

必备知识

一、解说词的概念

解说词是对人物、事物(如图片、展品、名胜古迹等)或画面进行讲解、说明的一种文体。

解说词面对观众或听众,配合实物或画面,充分利用富有感染力的语言和描写、叙述、说明、议论等文学手段,把事物、人物的来历、特点、意义、价值、寓意等告诉听众或观众,去感染他们,使听众或观众了解情况,明晓意义,产生共鸣,从而使人们对解说对象有更深入更充分的认识和感受。解说词广泛应用于科技、艺术、文教、旅游等领域,有其强大的生命力和广泛的实用价值。

二、解说词的特点

解说词是配合人物或实物或画面的文字说明,它具有说明性、文学性、简洁性和节段性的特点。

1. 说明性

解说词是以说明作为主要表达方式的一种文体,以介绍解说对象的来历、性质、价值、特征、意义等为主要目的。受众通过解说词可以了解解说对象所蕴含的深层次意义。

2. 文学性

好的解说词还具有文学性的特点。在解说词中可以使用对偶、对比、回环、拟人、排比等修辞手法,运用叙述、描写、抒情、议论、说明等表达方式,采用诗歌、散文的表现方法,运用一切文学手段,达到感染受众的目的,收到最佳的解说效果。

3. 简洁性

解说词一般配合实物与画面，用简要的文字进行解说，使受众对解说对象获得更深刻更充分的认识。解说词与实物、画面相辅相成，而不宜作过于繁多的解说。

4. 节段性

解说词一般是按照实物陈列的顺序或画面推移的顺序编写的。无论实物还是画面都有相对的独立性，反映在解说词里，也要节段分明，一件实物或一个画面要对应一节或一段文字说明。在书面形式上，则可以用标题标明，或用空行、段落来表示。

三、解说词的作用

解说词主要有以下几个作用：

1. 补充说明

实物和画面都受时空局限，存在着表现不到位、不全面的情况，解说词就担负着补充和说明作用，以此弥补眼前实物和画面的不足，使呈现的信息更完善。

2. 使表意明确

实物展现和画面所传达的视觉形象信息，有时是不明确的。这种表意的不确切性就有待于解说词的帮助，解说词能够明确实物的内涵，准确地传达画面的情意。并且解说词与解说对象有机结合，才能概括、提炼出准确的信息内容和思想内涵。

3. 点化作用

解说词还可以对实物或画面的关键信息、精彩细节进行点化、放大和展开。否则，许多重要的内容和有意义的细节就在人们不经意中漏掉了。解说词的点化有助于强调和突出重点，引起受众的充分重视，使重要的信息和细节发挥应有的作用。

4. 调动想象和联想

在面对实物和画面时，解说词可以帮助受众克服思维的局限性，使受众进行广泛而自由地联想和想象，从而拓展时空和受众视觉感知的信息。

5. 深化主题

解说对象往往是具体的、形象的、生动的，解说词凭借语言的高度概括、抽象和归纳能力，能够深入到事物背后，揭示事物的本质和规律，起到升华实物或画面，深化主题的作用。

四、解说词的分类

1. 按照解说词的表现形式分类

按照解说词的表现形式，解说词可以分为文字解说和口语解说两类。

① 文字解说多为展品、名胜、实物、图片所撰写的说明文字，侧重于介绍来历、沿革、特色等。

② 口语解说是指解说员进行口头解说的说明，侧重于介绍过程、事迹、意义等，往往需要把无言的静物或变换的画面介绍给受众。当然口语解说也需要有书面文本，并且根据解说对象不同，口语解说也呈现出不同的风格，特别是影视节目解说，风格多样。

2. 按照解说对象的不同分类

按照解说对象的不同，解说词分为实物解说、画面解说、音响解说。

① 实物解说。被解说的对象是各种静态的实物。如文物古董、人物图片、历史遗迹、各种产品、标本等。这类解说可以帮助观众在观看实物的过程中加深认识和感受。

② 画面解说。解说对象是画面，如影视节目中的纪录片、专题片、竞技比赛等。往往因画面真实生动，场面精彩激烈，再配以声情并茂的解说词的描述，能使观众身临其境，充分发挥联想和想象力，起到补充受众视觉的作用。

③ 音响解说。解说对象是音乐、广播剧以及电影录音等。

五、解说词的写法

解说词的结构与一般文章的结构大致一样，一般有标题、开头、主体、结尾四个部分，这里不再赘述。

下面主要介绍几种写作形式：

1. 描述型

以时间的先后作解说的顺序，对解说对象进行内在或外部的描述。比如人物、产品介绍、生产流程等解说和某些影视节目的解说多采用这种方法。

2. 说明型

按照事物空间顺序，或从外到内，或从上到下，或从前到后，或从整体到局部，把事物的名称、功用、类型、特点、关系等依次解释明白，使观众、听众了解、熟悉。对某些实物的介绍，如古代建筑、古董、文物等可以采用这种方式。

3. 分析型

按照事物内在的逻辑关系安排顺序，或因果，或递进，或主次，或总分，或并列等。其基本方法是从一般原理到特点结论，或从一系列事实提取出一般原理。一些影视专题片多采用此法。

4. 一般认识型

按照人们认识事物的一般规律和习惯，由浅入深、由近及远、由表及里、由具体到抽象，对事物进行解释说明。各种解说都会用到此法。

根据不同的解说对象的特点，应当采取合适的写作形式，有时可能以一种为主，有时也可能多种综合使用。

解说词在结构安排上大致有三种：

① 连贯式，适用于解说相对集中的内容，比如名胜古迹、人物事迹等，解说内容紧紧围绕一个中心，从不同侧面对解说对象进行描述，这种结构易于发挥，进行细致的描写。

② 罗列式，适用于解说形态不同、画面各异的展品、图片，比如背景介绍、集体人物的分述，各实物或人物具有相对的独立性，可各自成篇，表面看它们不相连属，实质上都有一条主线贯穿其中，这种结构有助于参观者领会每个画面的意思。

③ 配音式，适用于影视节目的配音解说，它是按照影视的镜头，划分成若干场面，先把解说词写在相应的表格中，使解说词与解说画面逐一对应，以利于解说员按图解说。

六、解说词的写作要求

① 搜集有关素材，了解解说对象。这是解说词写作的准备阶段。大量地收集有关材料，深入了解解说对象的有关知识，对其作全方位的研究，是对解说对象精确介绍、生动描述的前提。

② 抓住被解说对象的特征和本质。对被解说的事物，应认真地进行分析研究，准确地抓住它的特征、本质和意义。在解说中应恰当地运用对比联想、点面结合、由此及彼、由表及里等多种方法，来突出事物的特征、揭示事物的本质、说明事物的意义，这是保证解说质量的一个关键。如果解说内容流于一般，缺乏特色，则失去解说的意义。如：在进行人物解说时，要抓住感人至深的一面；在对一些实物进行解说时，则突出其最有价值、最受人称道之处；在进行景物解说时，则应注意景物的生态意义、观赏意义以及旅游价值，让旅游者感到不虚此行。

③ 要富有审美意义。优美的文字能愉悦心情，净化心灵，解说者娓娓道来，受众（听者或观者）如痴如醉，这就要求写作者对解说对象的认识要有真知灼见，对所解说的事物，要充满感情，这样的解说才能感染听众，收到预期的宣传、教育效果。

④ 语言要有一定的文学色彩。解说词的语言要准确生动；解说的用语，力求将抽象的事理形象化，高深的知识通俗化，复杂的程序简单化，静止的事物动态化，枯燥的东西趣味化等；解说中还可以用一些修辞方法，以增强语言的生动性和感染力。我们在此强调，解说词不同于纯理论描述的教科书或论文，它主要是以听觉形式进行信息传播的，所以应当在解说词中多增添文学色彩。

七、解说词的写作注意事项

解说词的具体写作，需要全面详细了解解说对象，设计合理的、可行的思路和行文风格，然后再落笔形成文字稿。写作解说词应注意：

① 解说词要与解说对象相呼应，不能脱离解说对象，否则完全不顾解说对象而自说自话，就会形成实物或画面与解说两张皮。因此写作解说词要联系实物或画面，二者相辅相成，使解说词成为解说对象的有力补充和衬托，甚至使解说词在某些专题片中起主导作用。

② 解说词的写作还要注意不能完全跟解说对象一个步调，否则就不能起到烘托、补充、引领等交互作用，致使全篇像幼儿园小朋友识字的看图说话，"这是一个苹果，那是一只猫"，直白，没有一点空间，没有一点提升与深化。

好的解说词，要和解说对象相辅相成，文采斐然，如行云流水，又如疾风骤雨，解说词本身就是一篇绝佳妙文，与解说对象相得益彰，珠联璧合。

③ 解说词不要求太强的段落之间上下关联性，只要求就某一段落就事论事即可。因为解说词是按照实物陈列的顺序或画面推移的顺序编写的，陈列的各实物或各画面有相对的独立性，反映在解说词里，应该节段分明，每一件实物或一个画面，有一节或一段文字说明，而不要求有太强的段落之间上下关联性。

思考题

1. 按照解说对象的不同，解说词有哪些分类？
2. 写作解说词应注意哪些事项？

专题

村民委员会换届选举应用写作

说明：①本专题根据村民委员会换届选举的基本程序，提示和介绍所涉及的一些应用文体；②村民委员会换届选举各项程序的具体要求和做法在此暂不详细介绍，若有需要，可参考村民委员会换届选举文件。

中共中央办公厅　国务院办公厅
关于进一步做好村民委员会换届选举工作的通知
中办发〔2002〕14号

各省、自治区、直辖市党委和人民政府，中央和国家机关各部委，军委总政治部，各人民团体：

村民委员会制度是社会主义民主在农村最广泛的实践形式之一，村民委员会换届选举是其中的一个重要环节。近年来，各地深入贯彻党的十五届三中全会精神和《中华人民共和国村民委员会组织法》（以下简称村民委员会组织法），认真组织开展村民委员会换届选举工作，选举制度日益完善，选举活动不断规范，农民群众的民主法制意识显著增强，有中国特色的社会主义民主政治建设得到较大发展，为维护改革发展稳定大局做出了贡献。2002年，全国农村许多地方正在或将要进行新一轮村民委员会换届选举，从目前情况看，选举工作总体上是健康有序的，但也有一些地方程度不同地存在着思想认识不足、依法办事不力、发扬民主不够等问题，个别地方甚至引发了群体性事件，影响了农村社会稳定。为进一步做好当前和今后一段时间的村民委员会换届选举工作，依法维护农民群众的民主权利，为党的十六大召开创造良好的环境，经党中央、国务院同意，现就有关事项通知如下。

一、按照"三个代表"要求，切实提高对村民委员会换届选举重要性的认识搞好村民委员会换届选举,实行村民自治,扩大农村基层民主,是党领导亿万农民建设有中国特色社会主义民主政治的伟大创造,是贯彻落实江泽民同志"三个代表"重要思想的体现。做好这项工作,有利于把村民公认的、真心实意为群众服务的人选进村民委员会;有利于调动广大农民群众当家作主的积极性、主动性,增强自主意识、竞争意识、民主法制意识,促进农村先进文化的发展;有利于坚持党的全心全意为人民服务的根本宗旨,密切党同农民群众的血肉联系,巩固党在农村的执政基础,更好地实现最广大人民群众的根本利益。

各地区、各有关部门要从战略和全局的高度,按照"三个代表"重要思想的要求,进一步提高对做好村民委员会换届选举工作重要性的认识,认真贯彻执行村民委员会组织法,研究解决选举工作中存在的问题,把村民委员会换届选举这一关系亿万农民群众切身利益的大事办好。

二、着眼于增强农村干部群众的民主法制观念,扎实有效地做好宣传教育工作。地方各级党委和政府、各有关部门要按照中共中央、国务院转发的《中央宣传部、司法部关于在公民中开展法制宣传教育的第四个五年规划》的要求,广泛深入地宣传与村民委员会选举有关的法律法规、方针政策、程序步骤,做到经常性宣传和阶段性宣传相结合,正面宣传和典型教育相结合,一般性宣传和疑难问题解答相结合,不断增强干部群众的法制观念,把干部群众的思想认识真正统一到村民委员会组织法上来,统一到党的方针政策上来,保证村民委员会选举沿着健康有序的轨道进行。

要增强宣传教育工作的科学性和时效性。在选举前,当地党委、政府要组织宣传、民政、司法行政等部门认真制定宣传教育工作方案,大力宣传有关法律法规和政策,使农村干部群众了解村民委员会换届选举的重要性,熟悉选举工作的原则、方法和步骤;在选举期间,要重点宣传村民选举委员会成员推选程序、村民委员会成员候选人条件、提名方式、正式候选人确定办法以及具体投票程序;在选举后,要做好落选人员的思想工作,教育当选人树立正确的权力观,教育、引导村民特别是党员积极支持、配合村民委员会开展工作。

要增强宣传教育工作的多样性和针对性。对农村基层干部,要采取分级分批培训等方式,消除其模糊认识,增强认真贯彻村民委员会组织法等有关法律法规的自觉性,提高组织指导换届选举工作的能力和水平。对农民群众,可利用广播、电视、报刊、宣传手册、宣传画、黑板报、村务公开栏等进行宣传，帮助他们消除家族、宗族、派别等的不良影响，熟悉选举的程序和要求，掌握必要的投票方法，按照自己的真实意愿投票，真正把那些公道正派，能依法办事，带头实干，热心为群众服务的人选进村民委员会。

三、充分尊重农民群众的意愿，保证村民委员会直接选举制度落到实处。由村民直接选举村民委员会，是法律赋予村民的一项基本民主权利，是基层民主的重要体现。搞好村民委员会换届选举，必须充分发扬民主，切实保障广大村民在选举各环节中的权利，使村民委员会选举真正体现农民群众的意愿。

在村民委员会选举中，要特别注意做好以下关键环节的工作：一是要做到由村民会议或各村民小组民主推选产生村民选举委员会，保证村民的推选权。村党支部领导班子成员按照规定的推选程序担任村民选举委员会成员，不能硬性规定或由组织指定、委派。村民选举委员会成员被依法确定为村民委员会成员候选人的，即失去其在村民选举委员会中的任职资格，村民选举委员会所缺名额从上次推选结果中依次递补。二是要做好选民登记工作，不能错登、重登、漏登，保证村民的选举权。要认真研究城镇化、户籍制度改革、人口流动等给选民登记工作带来的新情况、新问题，保证广大村民群众都能依法行使自己的选举权利。有选举权和被选举权的村民名单，应当在选举日的 20 日以前张榜公布，接受群众的监督。三是要做到由村民直接提名确定村民委员会成员候选人，不能用组织提名代替村民提名，保证村民的直接提名权。正式候选人的名额应多于应选名额，并通过预选或按村民提名得票数多少确定，不能由少数人甚至个别人说了算。在提名候选人时，各地要做好引导工作，真正把思想好、作风正、有文化、有本领，真心实意为群众办事，受到群众拥护的人提名为候选人。候选人确定后必须张榜公布。有条件的地方，村民选举委员会应组织正式候选人与村民见面，介绍治村设想，回答村民提出的问题。四是要做好选举日的投票工作，保证村民的投票权。要坚持"选举村民委员会，有选举权的村民的过半数投票，选举有效；候选人获得参加投票的村民的过半数的选票，始得当选"的原则，积极动员、组织群众亲自投票。选举时，要设立秘密写票处，实行无记名投票、公开计票，选举结果应当场公布。要严格控制流动票箱的使用，依法办理委托投票手续。五是要完善罢免程序，保证村民的罢免权。对不称职的村民委员会成员，要按照法律法规的规定，依法进行罢免,任何组织或者个人不得直接撤换村民委员会成员,不得以"停职诫勉"、"离岗教育"等方式变相撤换村委会成员。

四、严格依法办事,坚决纠正和查处村民委员会选举中的违法行为。村民委员会组织法和各地颁布的地方性法规是开展村民委员会换届选举工作的基本依据,各地要严格遵守,做到法定的程序不能变,规定的步骤不能少,不能怕麻烦、图省事,更不能走过场。在村民委员会选举中,任何组织或个人都必须依法办事。各地制定的有关村民委员会换届选举工作的方案、意见、规则等,凡与村民委员会组织法和有关地方性法规不一致的,必须尽快修改或废止,以维护社会主义法制的统一。

要坚决依法查处侵犯村民民主权利的违法行为。未经县(市、区)委批准,无故不组织或拖延村民委员会换届选举的,要追究乡(镇)党委、政府和村党支部、村委会主要负责人的责任。对在推选村民选举委员会成员、提名确定村民委员会成员候选人、组织投票选举、罢免村民委员会成员过程中,有违法行为的单位或个人,当地党委、政府要及时责令改正,并对有关责任人给予党纪、政纪处分。对以暴力、威胁、欺骗、贿赂、伪造选票等违法手段破坏选举或者妨碍选民依法行使选举权和被选举权的,以及对控告、检举选举违法行为的人进行压制、迫害的,要根据情节轻重分别给予查处:情节较轻的,由乡(镇)人民政府或县(市、区)民政部门进行批评教育;构成违反治安管理行为的,由公安机关依法处理;构成犯罪的,由司法机关依法追究刑事责任。对假借选举活动,打着宗教旗号从事非法活动、民族分裂活动和刑事犯罪活动的,要坚决依法予以打击。要建立健全重大事件报告制度,及时上报由选举引发的重大事件。

五、从维护农村社会稳定大局出发,认真做好群众来信来访工作。认真做好村民委员会选举方面的群众来信来访工作,是党和政府体察民情、了解民意、改进工作的重要渠道,也是化解农村社会矛盾、保障村民民主权利的重要环节。各地、各有关部门特别是信访、民政、司法行政部门一定要尊重农民群众的申诉权、信访权,高度重视并正确对待群众的来信来访,切实有效地解决农民群众反映的问题,依法维护农民群众的民主权利。

要坚持及时、就地依法解决问题和思想教育疏导相结合的原则。对群众反映属实,确实存在违法、违纪行为的,应及时对有关单位和人员予以查处;对群众反映与实际情况有出入的,要向群众说明情况,澄清事实，消除误解；对群众反映的问题一时解决不了的，要耐心解释，说明原因，争取群众的谅解。对群众来信来访，不能上推下卸，敷衍了事，更不能简单地采取强制措施，人为激化矛盾。

要建立健全来信来访登记和复信回访制度，把来信来访内容摘要登记，并把调查处理结果告知当事人。要建立信访工作责任追究制度，对因处理群众来信来访不及时或敷衍塞责、压制打击造成不良影响的，要通报批评；造成严重后果的，要依法追究有关单位和人员的责任。县（市、区）、乡（镇）党委、政府及有关部门要帮助那些村情复杂、管理薄弱的"难点村"、"重点村"，制定有针对性的选举工作方案，派出得力干部包村入户，帮助化解矛盾，保障选举工作顺利进行。

六、恪守为民之责，切实加强对村民委员会换届选举工作的组织领导。村民委员会换届选举是农村的一项基础性工作，涉及方方面面，必须切实加强领导和指导。

各地在开展换届选举工作时，要层层建立强有力的选举工作领导机构，形成党委领导、人大监督、政府实施、各有关部门密切配合的工作体制和运行机制，并按规定保证换届选举工作的经费。要把村民委员会换届选举与加强党在农村的工作结合起来，通过换届选举，全面推进农村基层组织建设，提高村级干部整体素质，促进农村各项事业发展。

地方各级人大和县级以上地方各级人大常委会在本行政区域内要切实保证村民委员会组织法的实施，保障村民依法行使选举权利。要认真研究村民委员会选举中出现的带有普遍性的问题，如选民资格、候选人资格、罢免程序等，不断完善有关法规制度。要加强监督检查工作，及时制止和纠正不符合法律、法规规定的做法。

县（市、区）、乡（镇）党委和政府要切实加强领导，建立健全党政领导工作责任制。县（市）党委组织部门对搞好村委会换届选举担负重要责任，要按照县（市）委的统一部署，切实加强指导。尚未开展选举的地方，要精心部署，做好选举前的宣传教育、骨干培训、村级财务清理审计等准备工作，加强对撤并村村民委员会选举工作的指导。已经完成村民委员会换届选举的地方，要认真检查验收，监督新老班子及时进行公章、财务等交接，及时建立人民调解、治安保卫、公共卫生等委员会，保障新班子依法履行职责，巩固选举成果。要注意研究新情况、新问题，制定和完善乡（镇）人民政府指导村民委员会开展工作的具体规则。

党在农村的基层组织要充分发挥领导核心作用。选举前要做好宣传动员工作；选举中要把握正确的方向，充分发挥党员的先锋模范作用，带领广大村民正确行使权利，自觉抵制各种违法行为；选举后主动支持、保障新一届村民委员会依法开展工作。要保证妇女在村民委员会选举中的合法权益，使女性在村民委员会成员中占有适当名额。提倡把村党支部领导班子成员按照规定程序推选为村民委员会成员候选人，通过选举兼任村民委员会成员。提倡党员通过法定程序当选村民小组长、村民代表。提倡拟推荐的村党支部书记人选，先参加村委会的选举，获得群众承认以后，再推荐为党支部书记人选；如果选不上村委会主任，就不再推荐为党支部书记人选。提倡村民委员会中的党员成员通过党内选举，兼任村党支部委员成员。要注重在优秀村民委员会成员和村民小组长、村民代表中吸收发展党员，不断为农村基层党组织注入新生力量。

民政部门是负责村民委员会选举工作的职能部门，要在各级党委、政府的领导下，认真进行调查研究，精心制定工作方案，当好党委、政府的参谋和助手。要配合人大及其有关部门搞好村民委员会换届选举的检查监督工作，保证选举质量。要全面掌握选举动态，及时纠正违法行为。要有计划地培训新一届村民委员会成员，提高他们的整体素质。选举工作结束后，要及时统计、汇总、上报选举结果，建立健全村民委员会选举工作档案，使选举工作逐步走上制度化、规范化的轨道。

中共中央办公厅
国务院办公厅
2002年7月14日

村民委员会换届选举规程

村民委员会换届选举大致有以下程序：

一、村民委员会换届选举准备

二、推选村民选举委员会

三、选民登记

四、提名确定候选人

五、正式选举

六、另行选举、重新选举

七、村民委员会工作移交

八、推选村民小组长、村民代表

九、总结和档案管理

十、延期换届的处理

十一、村委会成员的罢免、辞职、职务终止和补选

程序一　村民委员会换届选举准备

村民委员会的换届选举在省人民政府对村民委员会换届选举工作做出统一安排部署后,各级人民政府应立即着手做出工作安排,其中包括:建立选举领导机构、调查研究、制订方案、财务审计、组织培训、宣传动员、选举部署和组织试点等,这是村民委员会换届选举工作的重要内容和必要的组成部分,各级政府务必精心组织,认真做好准备。

程序二　推选村民选举委员会

一、村民选举委员会的产生和组成

村民选举委员会由主任和委员 5~9 人的单数组成。村民选举委员会成员可以由三种方式推选产生:①村民会议推选;②村民代表会议推选;③村民小组会议推选。

村民选举委员会成员推选票样式:

序号	姓名	性别	年龄
1			
2			
3			
4			
5			
6			

续表

序号	姓名	性别	年龄
7			
8			
9			

说明：1. 应推荐成员×名，等于或少于应推荐名额的有效；多于应推荐名额的无效。
2. 空白票为弃权票，乱写乱画、无法辨认的推荐票无效。

二、发布村民选举委员会推选公告

村民选举委员会成员产生后，原村民委员会应当发布公告，并将村民选举委员会成员名单报镇人民政府备案。

公告样式如下：

××村第×届村委会换届选举公告

第×号

经本村村民会议（村民代表会议或村民小组会议）推选产生了组织和主持本村第×届村委会换届选举工作的村民选举委员会，现将组成人员名单公布如下：

主任：×××

成员：×××　×××　×××
　　　×××　×××　×××　×××

特此公告

××村村民委员会（公章）

××××年×月×日

程序三　选民登记

选民登记工作是搞好村民委员会换届选举的基础，是村民依法享有选举权利的认定。选民登记一般采取设立登记处和上门登记相结合的方式进行。不在本村居住的，村民选举委员会应当通过有效方式通知本人。

一、召开村民会议或村民代表会议

在选民登记前，村民选举委员会应召开村民会议或村民代表会议，对提出申请、要求登记参加选举的公民的资格予以审查表决，确定新一届村民委员会成员职数等议题。

二、公布选举日和选民登记日

选民登记前，村民选举委员会将选举日和选民登记日，发布公告，告知村民。

公告样式：

××村第×届村民委员会换届选举公告

第×号

经镇（街道）村民委员会换届选举工作领导小组研究决定，××村第×届村民委员会换届选举日为××××年×月×日，选民登记日为×××年×月×日至×月×日。经登记确认有选民资格的村民，即可参加投票选举。望村民互相转告，做好准备，按时进行登记，不登记视为自动放弃，不列入本届选民。

××村村民选举委员会（公章）
××××年×月×日

三、确定和培训工作人员

村民选举委员会应挑选登记工作人员，确定登记工作人员的人数，并对登记工作人员进行有关知识的培训。

四、明确登记对象

年满十八周岁，未被依法剥夺政治权利的村民，都有选举权和被选举权。

五、造册登记

村民选举委员会对参加选举的村民造册登记。每个入册村民应当分配唯一编号。

登记参加选举村民花名册封面样式：

××村第×届村民委员会登记参加选举村民花名册

××村村民选举委员会
登记工作人员×××（签字）
登记工作人员×××（签字）
登记工作人员×××（签字）
××××年×月×日

花名册（内文）：

××村第×届村民委员会登记参加选举村民花名册

编号	姓名	性别	民族	出生日期	户籍所在地	所在村民小组	身份证号	备注

六、选民资格的审核、确认与公布

村民选举委员会应当对登记参加选举的村民名单进行认真审核、确认，做到不错登、不漏登、不重登，名单应当在选举日的二十日前在本村张榜公布。

选民名单公告样式：

××村第×届村民委员会换届选举公告

第×号

现将登记参加本村第×届村民委员会选举的本届选民名单公布如下，如有错漏，请于×月×日前向村民选举委员会提出，逾期不予受理。

第一村民小组（共××人）：×××、×××、×××、×××……

第二村民小组（共××人）：×××、×××、×××、×××……

第三村民小组（共××人）：×××、×××、×××、×××……

第四村民小组（共××人）：×××、×××、×××、×××……

特此公告

××村第×届村民选举委员会（章）
××××年×月×日

七、受理村民申诉

村民对公布的已登记参加选举的村民名单有异议，自名单公布之日起五日内向村民选举委员会提出，逾期视为没有异议。村民选举委员会对村民提出的申诉，应当自收到申诉之日起三日内进行核实，确有问题的，应当作出修正，审核结果及时公布。

八、发放选民证

登记参加选举的村民资格确认后，村民选举委员会应在选举前向本人发放选民证。

选民证样式：

```
┌─────────────────────────────────────────────┐
│          ××村第×届村民委员会换届选举          │
│                   选民证                      │
│                                             │
│     编  号：                                 │
│     姓  名：                                 │
│     性  别：                                 │
│     年  龄：                                 │
│     投票时间：                               │
│     投票地点：                               │
│     注意事项：1. 凭证领取选票；              │
│              2. 本证只限本人使用；            │
│              3. 未盖章无效。                  │
│                    ××村第×届村民选举委员会   │
│                    发证日期：××××年×月×日  │
└─────────────────────────────────────────────┘
```

程序四　提名确定候选人

一、候选人应具备的条件

村民委员会成员候选人应当具备一定的条件，要认真贯彻执行党的路线、方针、政策，能带领全村完成各项任务；奉公守法、清正廉洁、品行良好、公道正派、作风民主、热心为民服务；工作认真负责，有办事能力，能独立完成任务；身体健康，能胜任工作需要；有开拓进取精神，有较强的组织领导能力，懂经济，会管理，能带领群众致富。

二、候选人产生的方法、步骤

1. 准备工作

① 组织学习《村民委员会选举办法》，特别是关于村民委员会成员中至少有一名妇女成员的有关规定，为提名候选人奠定良好基础。

② 公布村民委员会成员职数。

公告样式（以五职为例）：

××村第×届村民选举委员会公告
第×号

　　经村民会议（村民代表会议）讨论决定，我村村民委员会由主任1人、副主任1人、委员3人组成。请登记参加选举的村民相互转告。
　　特此公告。

××村第×届村民选举委员会（章）
××××年×月×日

---

　　③ 确定提名候选人的时间及人数。提名候选人的时间可根据选举的整体安排由村民选举委员会确定，具体时间要明确到××××年×月×日×时。每一张提名票提名的人数，不得超过村民委员会应选人数。

　　④ 印制提名表。

　　提名表样式（以五职为例）：

××村第×届村民委员会成员候选人提名表

（村民委员会章）　　　　　　　　　　　　　××××年×月×日

性别	候选人姓名	备注
女		
男女不限		
男女不限		
男女不限		
男女不限		

说明：
1. 提名候选人等于或少于5人（应选人数）有效，多于5人无效。
2. 女性栏必须提名妇女，否则本栏提名无效。
3. 填写候选人姓名以张榜公布的已登记参加选举的村民名单为准。
4. 重名的，应在备注栏中注明性别、年龄、组别、住址方位等进行区别，未区别的无效。
5. 提名表盖村民委员会章有效。

提名人签字：

　　⑤ 发布提名候选人公告。

提名候选人公告样式：

××村第×届村民选举委员会公告

第×号

经村民选举委员会讨论决定，参加登记选举的村民于××××年×月×日×时至×月×日×时，到×××（地点）向村民选举委员会提名村民委员会成员候选人，过期不予受理。请村民相互转告。

特此公告

××村第×届村民选举委员会（章）
××××年×月×日

---

2. 提名方法

村民直接提名候选人有两种方式：一是村民个人提名；二是村民联合提名。

3. 确定候选人

提名候选人人数未超过应选职数一倍时，可直接进行选举。提名的候选人人数较多时，可以对直接提名的候选人进行预选确定。

确定候选人公告样式：

××村第×届村民选举委员会公告

第×号

鉴于村民直接提名的候选人人数较多，经村民选举委员会讨论决定，采用预选方式确定正式候选人。请登记参加选举的村民相互转告，于××××年×月×日×时到×××（地点）带上选民证按时参加预选。

特此公告

××村第×届村民选举委员会（章）
××××年×月×日

预选票样式（以五职为例）：

××村第×届村民委员会成员候选人选票

（村民委员会章） ××××年×月×日

性别	候选人姓名	备注
女		
男女不限		
男女不限		
男女不限		
男女不限		
男女不限		
男女不限		
男女不限		

说明：
1. 投票选举候选人，选票等于或少于8人(应选人数与差额人数之和)有效，多于8人无效。
2. 女性栏必须填写妇女姓名，否则本栏无效。
3. 填写候选人姓名以张榜公布的登记参加选举的村民名单为准。
4. 重名的，应在备注栏中注明性别、年龄、组别、住址方位等区别，未区别的无效。
5. 选票盖村民委员会章有效。

4. 填写报告单、发布广告

① 直接提名或者预选产生候选人后，村民选举委员会应当填写候选人报告单。

候选人报告单样式：

××村第×届村民委员会成员候选人报告单

××镇××村共有登记参加选举的村民×××名，于×月×日，经选民直接提名预选候选人。参加投票的选民××名，共发出选票××张，其中有效票××张，无效票×张。本次应选候选人×名，按照得票多少现已全部产生。候选人具体情况如下：

姓名	性别	年龄	民族	文化程度	政治面貌	得票数	备注

唱票人： （签字）

监票人： （签字）

计票人： （签字）

××村第×届村民选举委员会（章）

××××年×月×日

（注：此报告单一式二份，报镇人民政府一份，村留存一份）

② 村民选举委员会发布公告，公布候选人名单，并告知正式选举时间、地点。

候选人名单公告样式：

××村第×届村民选举委员会公告

第×号

经登记参加选举的村民直接提名（预选）产生××村村民委员会候选人，现将名单公布如下（以姓名笔画为序），如有异议，请于×月×日前提出。

×××　×××　×××　×××

×××　×××　×××

正式选举定于××××年×月×日×时，在×××（地点）举行，届时请各位选民持选民证，积极参加投票。

××村第×届村民选举委员会（章）

××××年×月×日

5. 组织候选人与村民见面

村民选举委员会自候选人张榜公布名单至正式选举前，组织候选人与村民见面，候选人向村民介绍本人的基本情况及履行职责的设想，回答村民提出的问题，候选人应当公开向全体村民承诺。

候选人承诺书：

候选人公正竞选行为规范承诺书

公开、公平、公正是村委会换届选举中必须遵守的基本原则，也是所有候选人均应依法遵守的基本原则。只有坚持这些原则开展竞争，选民才能充分行使他们的民主权利，才能真实地表达他们的民主意愿。为此我承诺：

一、我将严格遵守选举的法律法规和各项政策，按照本村《村委会选举方案》的规定参加选举。

二、我将努力维护每个选民的民主权利，尊重每个选民的民主意愿。

三、我在竞选时，决不向选民作不切合实际的许诺，不误导选民的意愿。

四、我在竞选时，决不散布流言，不侮辱、不诽谤、不污蔑、不伤害其他候选人及其家属。

五、我本人决不，也决不指使自己的亲友用金钱、财物或其他利益收买本村选民、选举工作人员或其他候选人。

六、如果本人违反以上承诺或者有其他违法违规行为的，由选举机构公开批评或取消本人的候选人资格或宣布本人当选无效。

候选人签名：×××

××××年×月×日

程序五　正式选举

一、确定投票方式

为保证村民委员会选举顺利进行，村民选举委员会应当根据法律、法规，结合本村实际，确定本村村民委员会选举投票方式。

二、办理委托票

已登记参加选举的村民本人可以向村民选举委员会提出申请，由本村有选举权的近亲属在选举日凭委托投票书领取选票，代行投票。村民选举委员会应当在选举日的前四日公布委托人和受委托人的名单。

委托投票书样式：

委托投票书（存根）

编号：001　　　　　　　　　　　　委托时间：　年　月　日

委托人姓名		受委托人姓名	
委托理由			
村民选举委员会 审核意见		审核人签名：	

_____（盖章）

委托投票书

编号：001　　　　　　　　　　　　委托时间：　年　月　日

委托人姓名		受委托人姓名	
委托理由			
村民选举委员会 审核意见		审核人签名：	
说明	此委托投票书由委托人或受委托人填写，经村民选举委员会盖章有效。受委托人凭此委托书领取选票并代为投票		

委托投票人员名单公告样式：

> ××村第×届村民选举委员会公告
> 　　　　　　　　第×号
>
> 　　现将办理村民委员会换届选举委托投票人员名单公布如下：
> 委托人姓名　　受委托人姓名　　委托投票书编号
> ×××　　　　×××　　　　　×××
> ×××　　　　×××　　　　　×××
>
> 　　　　　　　　　　××村第×届村民选举委员会（章）
> 　　　　　　　　　　　　××××年×月×日

三、代写选票

　　文盲或者因残疾不能填写选票的已登记参加选举的村民，可以选择自己信任的村民，选举日当天到选举大会会场，在两名以上村民选举委员会成员见证下，和代写人一起办理代写选票手续。

　　代写选票登记表样式：

××村第×届村民委员会换届选举代写选票登记表

本人姓名	代写人姓名	代写原因

代写人：×××　　　　　（签字）
村民选举委员会成员：×××　　（签字）
村民选举委员会成员：×××　　（签字）

　　　　　　　　　　　　××××年×月×日

四、印制选票

　　选票一般分上、中、下三部分：上部为"×××村第×届村民委员会成员选票"；中部为村民委员会成员职务、正式候选人姓名和选民写票处；下部为选票注意事项。候选人以姓名笔画顺序排列，重名者加注性别、年龄、组别、住址方位等加以区别。

①一次性投票，应把所有候选人姓名及主任、副主任、委员三种职位排列在一张选票上，由已登记参加选举的村民一次性投票，分别选出村民委员会主任、副主任和委员。

选票样式（以五职为例）：

××村第×届村民委员会成员选票（一）

（村民委员会章）　　　　　　　　　　　　　　　　××××年×月×日

职务 候选人姓名	主　任	副主任	委员
×××			
×××			
×××			
×××			
×××			
×××			
×××			
×××			
另选他人			

说明：
1. 本次共选举5人，其中主任1人，副主任1人，委员3人，等于或少于5人（应选人数）选票有效，多于5人选票无效。
2. 候选人按姓名笔画排列。
3. 写票时，在候选人相对应的职务下方空格内划"√"为赞成。另选他人的，应填写姓名并在相对应职务栏内划"√"。候选人或另选他人相对应职务栏内不划任何符号的，为不赞成或弃权。
4. 村民委员会中至少有一名妇女成员。
5. 写票时，对一个候选人只能选择一个职务，否则该候选人得票无效。
6. 选票盖村民委员会章有效。

② 分次性投票，先由登记参加选举的村民投票选出村民委员会成员，再由村民从当选的村民委员会成员中选出主任、副主任，要经过两次投票选举过程。

选票样式（以五职为例）：

××村第×届村民委员会成员选票（二）

（村民委员会章）　　　　　　　　　　　　　××××年×月×日

成员姓名＼职务	主 任	副主任	
×××			
×××			
×××			
×××			
×××			

说明：
1. 每张选票只允许选主任1人、副主任1人，多选的选票作废。
2. 成员按姓名笔画排列。
3. 写票时，每一个成员只能选择一个职务，并在其姓名对应的职务栏内划"√"；对一个成员选择两种职务的，该成员得票无效。
4. 选票盖村民委员会章有效。

选票由镇人民政府统一印制。村民选举委员会按照略多于参加选举的村民数量准备选票，加盖村民委员会公章清点后封存。

五、制作票箱、设立秘密写票处

票箱的制作要考虑方便使用、长期使用和密封的功能。为方便投票，还可以按照村民小组分别设置，每一村民小组有一个固定票箱。

根据登记参加选举的村民数量，可以在选举会场设立若干秘密写票处，保障村民在不受外界干扰的情况下自主填写选票。

六、布置选举大会会场

换届选举大会会场一般应设在比较开阔的地方；设立主席台，上方要悬挂"××村第×届村民委员会选举大会"会标；在主席台的侧面设立来宾和观察员席；以村民小组为单位划分就座区域，每小组前应有"第×村民小组"标牌。

选举大会工作证样式：

```
┌─────────────────────────────────────┐
│       第×届村民委员会换届选举         │
│                                     │
│              工作人员                │
│                                     │
│  ××镇村"两委"换届选举工作领导小组办公室  │
└─────────────────────────────────────┘
```

说明：
1. 标志长9cm，宽5.5cm。红底白字或黄底红字。
2. 使用时佩戴在胸前。

七、选举大会议程

选举大会由村民选举委员会召集，村民选举委员会主任主持。村民选举委员会成员在主席台就座后，主持人开始主持。

选举大会主持词：

［主持人］：各位村民，依据《中华人民共和国村民委员会组织法》、《××省村民委员会选举办法》和上级有关规定，我村已产生了村民委员会成员正式候选人。今天召开村民委员会换届选举大会，投票选举我村第×届村民委员会主任、副主任和委员。我受村民选举委员会的委托，主持今天的选举大会。

根据《××省村民委员会选举办法》"选举村民委员会，登记参加选举的村民过半数投票，选举有效"的规定，首先请工作人员清点人数（其中包括：委托投票和使用流动票箱投票的村民人数），清点后报大会主持人。

【工作人员清点报告人数，村民选举委员会汇总参加选举大会人数】

［主持人］：全村登记参加选举的村民为×××人，今天实到×××人，其中，委托投票××人，使用流动票箱投票×人，超过全体登记参加选举的村民的一半，符合法律规定人数。

我宣布：×××村第×届村民委员会换届选举大会开始。

大会进行第一项：奏唱国歌，请全体起立！

请坐下。

大会进行第二项：宣布大会纪律和注意事项

（一）服从工作人员安排，按照指定的区域就座。

（二）维持好会场秩序，不得大声喧哗，不得随意走动，不要提前离开会场。

（三）任何人不得追查村民的投票情况，不得以贿赂、威胁、伪造选票等违法手段干扰选举。

（四）村民凭选民证领取选票，受委托投票的，要凭委托投票书领取选票。村民按顺序逐人到秘密写票处填写选票，投到指定票箱。

（五）需要代写选票的，请到×××（指定地点）办理代写手续。

（六）对破坏依法选举，在选举中使用暴力、撕毁选票、毁坏票箱、危害公共安全或他人人身安全等行为的，按照《中华人民共和国治安管理处罚法》由公安机关给予处罚。

（七）对选举程序或选举结果有异议，可以向镇人民代表大会、人民政府或者区人民代表大会常务委员会、人民政府及其民政部门提出书面申诉。

希望村民自觉遵守大会纪律，共同将大会开好。

大会进行第三项：报告本次选举前期工作情况

我代表村民选举委员会向大家报告本次选举前期工作情况。根据镇党委政府的工作安排，我村第×届村民委员会换届选举工作从××××年×月×日正式开始，依据有关法律、法规，先后进行了推选村民选举委员会、宣传教育、登记参加选举的村民、提名候选人等程序，整个选举工作是依照法律程序进行的。以上工作得到了广大村民的关心和支持。在此，我代表村民选举委员会向大家表示衷心的感谢！按照村民会议（村民代表会议）的决定，我村本届村民委员会由×名成员组成，根据提名（预选）产生了村民委员会成员正式候选人。按照姓名笔画顺序排名，他们是：×××，×××，×××，×××，×××，×××，×××。

大会进行第四项：推选监票人、计票人及大会工作人员

【候选人及其配偶、直系血亲、兄弟姐妹、公婆、岳父岳母、儿媳、女婿，不得担任监票人、计票人，不得参与选举大会的组织工作。（直系血亲，包括候选人的父母、子女、祖父母、外祖父母和孙子女、外孙子女）】

［主持人］：经村民选举委员会提名，登记参加选举的村民×××、×××、×××为监票人，登记参加选举的村民×××、×××、×××为唱票人，登记参加选举的村民×××、×××、×××为计票人，×××、×××、×××为大会工作人员。如果大家没有意见，请举手通过。

请监票人、计票人及大会工作人员佩戴工作证，到岗开始工作。

【唱票人、计票人和监票人负责核对投票人数、选票数、监督投票和

计票。每一投票站应当当场推荐唱票人一名、计票人一名、监票人三名（其中一名负责监督票箱），也可以根据实际增设。流动票箱可设工作人员一名、监票人一名。】

大会进行第五项：候选人介绍履职设想

为使大家进一步了解候选人的情况，下面按照姓名笔画顺序，请各位候选人介绍个人的履职设想，时间不超过×分钟。候选人提出的履职设想要客观实际，不得乱许愿，不得攻击、诋毁、侮辱他人，不得违反国家法律、法规和有关政策。大家有什么问题，可以向候选人提出，候选人应认真简要地给予回答。

大会进行第六项：宣布选举方式

根据《××省村民委员会选举办法》规定："选举时，可以在村民委员会成员候选人中一次投票选举村民委员会主任、副主任和委员；也可以先选举村民委员会成员，再由登记参加选举的村民从其中选举主任、副主任"。根据我村实际，经村民选举委员会研究确定，本次选举采用在村民委员会成员候选人中一次性投票选举村民委员会主任、副主任和委员的选举方式（或：本次选举采用先选举村民委员会成员，再由登记参加选举的村民从其中选举主任、副主任的选举方式）。

大会进行第七项：检查并密封票箱

请监票人将本次选举大会所用票箱及流动票箱全部打开，当众检查。

【监票人展示票箱后】

[主持人]：请监票人将票箱密封，并贴上封条。

大会进行第八项：启封、清点选票

[主持人]：请监票人启封选票，监票人、计票人清点和核对选票数量。

【监票人向村民展示选票密封情况】

【监票人、计票人对选票数量严格清点后，核对结果向大会主持人报告：参加本届村民委员会选举的村民×××人，印制选票×××张，实际多出××张。报告后，村民选举委员会将多余选票当众销毁。】

大会进行第九项：讲解选票、派出流动票箱

【按放大的选票票样，将填写选票的要求向登记参加选举的选民进行详细讲解。可以边讲解、边演示。要重点讲明，怎样填写选票为有效票、怎样填写为废票，怎样填写为无效票等。对于村民不明白的，要反复进行讲解。也可以将废票样式进行展示，以引起大家的注意。】

[主持人]：下面，我向大家讲解选票的填写方法。

本次选举，要选出主任 1 人，副主任×人，委员×人。填写选票时，你选谁当主任，就在其对应的"主任"栏里划"√"；你选谁当副主任，就在其对应的"副主任"栏里划"√"；你选谁当委员，就在其对应的"委员"栏里划"√"。如不同意上述候选人的，可以另选他人。另选他人时，把另选他人姓名写在"另选他人"栏内，并在其对应职务栏内划"√"。候选人或另选他人相对应的职务栏内不划任何符号的，为不赞成或弃权。

请大家注意：

1. 每位候选人只能选 1 个职务，填写两个以上职务的，该成员本张选票无效；

2. 本次选举村民委员会成员×人，其中应当至少有一名妇女成员。填写选票时，不能超过×人（包括另选他人）；超过的，该选票作废；

3. 不得在选票作任何标记，有标记的选票为废票。

大家是否清楚选票填写要求，不明白的，可以再问。

【特别注意：一是要有放大的选票，让村民知道在什么位置填写什么符号。二是在讲解选票时，"候选人"栏内一定不能使用真实姓名，可用"A、B、C、D"或"甲、乙、丙、丁"等符号代替，防止对选民产生误导。三是明确选票正面或反面有数字、笔画、姓氏或在另选他人一栏有明显作弊嫌疑的，选票作废。】

[主持人]：本村登记参加选举的村民中，有×名因身体原因不能到选举大会会场投票，经本人申请，村民选举委员会同意，对他们适用流动票箱投票。请村民选举委员会成员×××带领监票人×××和工作人员×××携带流动票箱，到村民家中进行投票。×时流动投票结束。

大会进行第十项：验证发票，开始投票

【选举工作人员先验证监票人、计票人、村民选举委员会成员的选民证，进行登记、发放选票、投票。

村民选举委员会成员验证选举工作人员的选民证，进行登记、发放选票、投票。

选举委员会成员和工作人员投票后，监票人、计票人和其他工作人员到岗开始工作。

验证发票是一项非常重要的工作。每个发票处至少要有三名工作人员，第一名负责审核登记参加选举的村民本人与选民证、委托投票书是否相符；第二名负责登记参加选举的村民在花名册上签字后发出选票；第三名负责审核选票，并在选票、选民证、委托投票书上盖章。

登记参加选举的村民拿到选票后，按照设计路线，进入秘密写票处填写选票，填写好选票后投到指定票箱。投票箱处应当有监票人进行监督。

登记参加选举的村民是文盲或者因残疾不能填写选票的，选票代写后由本人亲自投票。】

［主持人］：下面由选举工作人员验证监票人、计票人、村民选举委员会成员的选民证，进行登记、发放选票、投票。（点名发票）

村民选举委员会成员验证选举工作人员的选民证，进行登记、发放选票、投票。（点名发票）

请监票人、计票人、工作人员到岗位开始工作。

下面开始发放选票、投票，请全体村民依次排队领取选票、投票。

【登记参加选举的村民验证领取选票后，要认真阅读填写选举的注意事项，按顺序逐个进入秘密写票处。秘密写票处只能一人进入，任何人不得以任何理由进入秘密写票处监督他人填写选票。文盲或者因残疾不能填写选票的，应当办理代写手续，可以委托自己信任的人代为填写选票，代写人应当按照委托人的意愿填写选票。任何人不得强行为他人代写选票。】

【发票结束后，对选民因故不能到会参加投票而剩余的选票，由监票人当众向大会主持人报告实际张数，将剩余选票封存。】

大会进行第十一项：宣布计票方法，进行唱票、计票

【方法一（一次性投票选举村民委员会主任、副主任和委员的使用）】

［主持人］：候选人获得的总票数（主任票、副主任票和委员票相加）超过参加投票登记参加选举的村民过半数选票，获得当选资格，但能否最终当选，还有待依法确认。

1. 获得过半数选票人数等于应选人数、其中有妇女的：候选人按照各自职务得票数确定主任、副主任和委员当选资格。

2. 获得过半数选票人数多于应选人数、其中有妇女的：应当先按照各自职务得票数确定主任、副主任。主任、副主任当选人中没有妇女的，获得过半数选票最多的一名妇女优先当选村民委员会委员，其他候选人按照得票多少确定当选资格。

3. 获得过半数选票人数等于或者多于应选人数、其中没有妇女的：获得过半数选票的候选人，先按照各自职务得票数确定主任、副主任，再从应选人数中确定一个名额另行选举妇女成员，其他候选人按照得票多少确定当选资格。

4. 获得过半数选票人数少于应选人数的，获得过半数选票的候选人当选。不足名额另行选举，当选人中没有妇女的，另行选举时应当优先选

举妇女成员。】

5. 获得过半数选票的候选人超过应选职数，且得票数相等，不能确定当选人的，应当就得票相等的候选人再次投票，以得票多的当选。

6. 主任、副主任职务票相等，以获得总票数多的当选。

【方法二（分次性投票先由登记参加选举的村民选举村民委员会委员，再由村民从其中选举主任、副主任的使用）】

[主持人]：（1）村民委员会委员的当选。候选人获得参加投票登记参加选举的村民的过半数选票，获得当选资格，但能否最终当选，还有待依法确认。

① 获得过半数选票的人数多于应选人数、其中有妇女的：应当先确定得票最多的妇女当选，其他候选人按照得票多少的顺序确定当选资格。

② 获得过半数选票的人数多于应选人数、其中没有妇女的：应从应选人数中确定一个名额另行选举妇女成员，其他候选人按照得票多少的顺序确定当选资格。

③ 获得过半数选票人数少于应选人数的：获得过半数选票的候选人当选，不足名额另行选举，当选人中没有妇女的，另行选举时应当优先选举妇女成员。

④ 获得过半数选票的候选人超过应选职数，且得票数相等，不能确定当选人的，应当就得票相等的候选人再次投票，以得票多的当选。

（2）主任、副主任的当选。村民委员会成员当选后，再由选民从其中投票选举主任、副主任，并按照各自职务得票数确定当选资格。

【村民委员会成员达到三人以上、有妇女成员，但仍不足应选名额的，经村民会议或者村民代表会议讨论同意，可不再另行选举。】

[主持人]：下面开始唱票、计票。

① 请监票人、计票人集中票箱，面向村民对所有票箱的完整程度、密封状况再次进行检查。

② 请监票人、计票人启封票箱，清点选票，公开唱票、计票。

【投票结束后，村民选举委员会要将包括流动票箱在内的所有票箱集中到中心会场，由选举委员会成员带领监票人、计票人、唱票人及工作人员，对票箱的密封情况再次进行严格检查，确认无误后，当众开箱验票。

开箱验票时，按每个票箱接收投票的范围清点票数，核对所发选票数和投票人数。票箱内选票多于发出选票总数的，选举无效，等于或少于发出选票总数的，选举有效。

所有票箱总投票数超过登记参加选举村民半数的、所投总票数加剩余封存选票数,等于或少于选民总数的,本次选举有效。所有票箱总投票数未达到登记参加选举的村民过半数的或投到票箱的总票数多于参加投票的村民人数的,选举无效。

工作人员将选票清点结果报大会主持人。

按照姓名笔画顺序将候选人的姓名写在计票板上(样式如下)。计票前,村民选举委员会负责把其他分会场或暂时离场的村民召集到中心会场。选票经过整理确认无误后,在监票人的监督下,唱票人、计票人开始逐张唱票、计票。唱票人应大声读出候选人(另选他人)的姓名和职务。计票人在相应候选人(另选他人)姓名对应职务栏内划"正"字,每得一票增加一个笔画。监票人予以监督,防止出错。

唱票结束后,监票人、计票人应当众报告本次选举发出选票总数,收回选票总数,其中有效票、无效票、弃权票、废票各是多少张;并分别计算出各候选人(另选他人)所得主任票、副主任票、委员票和各自的总得票数。】

计票栏样式:

××村民委员会第×届换届选举计票栏

姓名	×××			×××			×××			×××			……			另选他人			另选他人			……		
职务	主任	副主任	委员	主任	副主任	委员	主任	副主任	委员	主任	副主任	委员	主任	副主任	委员	主任	副主任	委员	主任	副主任	委员	主任	副主任	委员
得票数																								
得票总数																								

大会进行第十二项:宣布选举结果

【计票结果经监票人、计票人和村民选举委员会全体成员核准无误后,在选举结果报告单上签字。村民选举委员会公布各候选人、另选他人的姓名及得票情况。按照计票方法,当场公布主任、副主任和委员的当选人员名单。没有妇女成员的,另行选举妇女委员。】

[主持人]:在监票人的监督和唱票人、计票人的共同努力下,计票工作已经结束,现公布计票结果:

  姓名 主任票 副主任票 委员票 总票数

甲	×××	×××	×××	×××
乙	×××	×××	×××	×××
丙	×××	×××	×××	×××
丁	×××	×××	×××	×××
戊	×××			

根据计票方法规定，获得过半数选票的人数多于应选人数，其中有妇女的，应先确定得票最多的妇女当选，其他成员按得票多少顺序确定。现在宣布选举结果：

×××当选为××村第×届村民委员会主任；

×××当选为××村第×届村民委员会副主任；

×××当选为××村第×届村民委员会委员；

×××当选为××村第×届村民委员会委员；

×××当选为××村第×届村民委员会委员。

或｛根据计票方法规定，获得过半数选票的人数等于或者多于应选人数，其中没有妇女的，应当先从应选人数中确定一个名额另行选举妇女成员，其他候选人按照得票多少的顺序确定当选。现在宣布选举结果：

×××当选为××村第×届村民委员会主任；

×××当选为××村第×届村民委员会副主任；

×××当选为××村第×届村民委员会委员；

×××当选为××村第×届村民委员会委员。

另行选举定于×月×日，在×××（地点）举行，请大家届时踊跃参加选举。｝

或｛根据计票方法规定，获得过半数选票的人数少于应选职数时，不足名额另行选举。现在宣布选举结果：

×××当选为××村第×届村民委员会主任；

×××当选为××村第×届村民委员会副主任；

×××当选为××村第×届村民委员会委员。

另行选举定于×月×日，在×××（地点）举行，请大家届时踊跃参加选举。｝

【当选的村民委员会成员之间是夫妻、直系血亲或者兄弟姐妹关系的应当实行任职回避（其中，直系血亲，包括候选人的父母、子女、祖父母、外祖父母和孙子女、外孙子女。这里的血亲主要指出于同一祖先，有血缘关系的亲属，即自然血亲，也包括法律拟制的血亲，即虽无血缘联系，但法律确认其与自然血亲有同等的权利义务的亲属，比如养父母与养子女，继父母与受其抚养教育的继子女）。一般留任其中职务最高的一人；职务相同的，留任得票最多的一人。但是，按照妇女成员优先确定的方法，如果村民委员会成员中因回避没有妇女当选的，应当优先确定妇女成员当选，男性成员回避。

因回避导致当选人数不足应选人数的，应当由获得过半数选票的人按照得票多少依次递补；没有获得过半数选票的，应当就不足的名额另行选举。］

［主持人］：让我们用热烈的掌声向他们表示祝贺！

选举结果在村务公开栏内进行公告。

公告样式（以五职为例）：

××村第×届村民选举委员会公告

第×号

依照《村委会组织法》有关规定，我村第×届村民委员会选举大会于××××年×月×日召开。登记参加选举的村民×××名，参加选举投票×××名。共收回选票×××张，其中有效票×××张，无效票××张，弃权票××张，废票××张。经依法选举，下列人员当选为本村第×届村委会成员：

主　　任　×××
副主任　×××
委　　员　×××　×××　×××

特此公告

　　　　　　　　　　　　　××村第×届村民选举委员会（章）
　　　　　　　　　　　　　　　　　××××年×月×日

大会进行第十三项：选举大会结束

本次选举符合法律、法规规定，选举程序合法，选举结果有效。

现在我宣布：选举大会圆满结束，散会！

八、后续工作

① 填写、上报选举结果报告单。村民选举委员会填写选举结果报告单（一式三份），分别报村民委员会、镇人民政府存档和区民政局备案。

选举结果报告单样式：

××村第×届村民委员会换届选举结果报告单

　　××镇（街道）××村第×届村民委员会应选主任×名，副主任×名，委员×名；登记参加选举的村民×××名。××××年×月×日经过登记参加选举的村民直接提名（预选），确定村民委员会成员候选人×名。××××年×月×日召开换届选举大会，采用一次性（分次性）投票选举的方式选举产生村民委员会成员。登记参加选举的村民×××名，共发出选票×××张，收回选票×××张，其中有效票×××张，无效票×张，废票×张，弃权票×张。选举结果：当选主任×名，副主任×名，委员×名。

　　唱票人：　　　　　　　　（签字）
　　计票人：　　　　　　　　（签字）
　　监票人：　　　　　　　　（签字）
　　村民选举委员会成员：　　（签字）

××××年×月×日

附1：
提名候选人名单
×××　×××　×××　×××
×××　×××　×××　×××　×××

附2：
村民委员会成员候选人预选情况

姓　名	得票数	是否成为正式候选人
×××	××	是
×××	××	是
×××	××	是
×××	××	是
×××	××	是
×××	××	是
×××	××	是
×××	××	是

×××　　　××　　　　　　否
×××　　　××　　　　　　否

附3：
村民选举大会计票结果

姓　名　主任票　　副主任票　委员票　总票数
×××　　××　　　××　　　××　　××
×××　××　　　××　　　××　　××
×××　　　　　　××　　　××　　××
×××　　　　　　××　　　××　　××

附4：

选举结果

姓名	当选职务	职务票数	总票数	政治面貌	性别	年龄	民族	文化程度	备注

唱票人：　　　　　　　　　（签字）
计票人：　　　　　　　　　（签字）
监票人：　　　　　　　　　（签字）
村民选举委员会成员：　　　（签字）

报告单一式二份，镇（街道）一份，村存档一份。

②封存选票。计票工作结束后，计票人、监票人将全部选票（有效票、无效票、废票、弃权票）进行整理、记录，签字后交村民选举委员会，已登记参加选举的村民名单、委托投票人员名单、代写投票人员名单一起当场进行封存。贴上封条，村民选举委员会成员、监票人、计票人签字，加盖村民委员会印章。由村民委员会保存至下届村民委员会换届选举。

程序六　另行选举、重新选举

一、另行选举

另行选举是正式投票选举大会的延续，适用正式选举的程序和方法。

1. 另行选举日的确定

另行选举应当自前一次投票产生选举结果之日起三十日内完成。村民选举委员会确定选举日后，要及时将另行选举时间、地点公告全体村民。

另行选举公告样式：

××村第×届村民选举委员会公告

第×号

经村民选举委员会研究决定，本届村民委员会另行选举定于×××
×年×月×日×时在×××（地点）举行。望村民互相转告，届时请各位选民持选民证、委托投票书积极参加投票。

特此公告

××村第×届村民选举委员会（章）
××××年×月×日

---

2. 另行选举大会

另行选举大会由村民选举委员会主持。登记参加选举的村民过半数参加投票有效。

3. 登记参加选举的村民

另行选举登记参加选举的村民名单，要在正式选举名单的基础上，村民选举委员会按照"四增""四减"补充和注销登记参加选举的人员。

登记参加选举的村民名单，经村民选举委员会重新审核确定后，于另行选举日的二十日前公布。公告样式参照选民资格的审核、确认与公布的公告样式。

4. 另行选举候选人的确定

另行选举实行差额选举。

5. 选举结果的确认

候选人以得票多的当选，但是所得票数不得少于已投选票总数的三分之一。达不到三分之一的，不再另行选举，按照第一次选举结果确定当选资格。

经过两次选举，村民委员会成员当选人数仍达不到三人时，由村民会议或者村民代表会议决定是否继续组织选举。选举结果经村民选举委员会核实无误后当场公布。

另行选举结果报告单样式：

××村第×届村民委员会换届选举
另行选举结果报告单

××镇（街道）××村共有登记参加选举的村民×名，于××××年×月×日举行另行选举，参加投票选举的村民×××名，共发出选票×××张，收回选票×张，其中有效票×××张，废票×张，弃权票×张。

本次另行选举应选名额：主任×名，副主任×名，委员×名，候选人×名。选举结果：×××当选主任；×××当选副主任；×××当选委员，其中，×××为候补委员。

当选人具体情况如下：

姓名	当选职务	职务票数	总票数	政治面貌	性别	年龄	民族	文化程度	备注

唱票人：　　　　　　　（签字）
计票人：　　　　　　　（签字）
监票人：　　　　　　　（签字）
村民选举委员会成员：　（签字）

××村第×届村民选举委员会（章）
××××年×月×日

二、重新选举

重新选举应具备以下条件：一是选举中确有违法行为；二是经镇人民政府、区人民政府及其民政部门认定。

重新选举适用选举的程序和方法。重新选举自前一次投票选举结束日起六十日内完成。

程序七　村民委员会工作移交

村民委员会工作移交，由村民选举委员会主持，村党组织成员、村民选举委员会成员、新老村民委员会成员和新老村民委员会会计（或者报账员、文书）等相关人员参加，镇人民政府派人监督。村民选举委员会要按照规定的移交内容和移交手续进行移交。村民委员会移交工作完成后，村民选举委员会的工作完成，即日解散。

程序八　推选村民小组长、村民代表

一、村民小组组长的产生

村民委员会成员召集、主持村民小组会议，本小组18周岁以上过半数村民或者2/3以上户代表参加，以举手、鼓掌等方式推选产生村民小组长，村民委员会张榜公告，并报镇人民政府备案。

村民小组长推选结果公告样式：

      ××村第×届村民委员会公告
          （第×号）

  ××××年×月×日至×月×日，经本村各村民小组召开会议，推选（或投票选举）产生了各村民小组长，现将小组长名单公布如下：

> 第一村民小组：×××
> 第二村民小组：×××
> 第三村民小组：×××
> ……
> 特此公告
>
>   ××村第×届村民委员会（章）
>   ××××年×月×日

统计表样式：

××村村民小组长情况统计表

组别	姓名	性别	民族	出生年月	政治面貌	文化程度	是否连任	小组户数	小组人口数
一组									
二组									
三组									
四组									

二、村民小组长的撤换、补选

村民小组长违反国家法律、法规和政策，不履行职责，给小组工作和村民利益造成一定损失的，可以进行撤换。撤换、补选的程序适用原推选的程序和方法。

三、村民代表的产生

人数较多或者居住分散的村，可以推选产生村民代表。有两种方式：以村民小组为单位推选和以若干户为单位推选。

村民代表的任期与村民委员会任期相同，可以连选连任。村民代表产生后，各村民小组长应当将推选的村民代表报村民委员会。村民委员会应张榜公告，并报镇人民政府备案。

推选的村民代表公告样式：

> ××村第×届村民委员会公告
>
> （第×号）
>
> ××××年×月×日至×月×日，经本村各村民小组会议（户代表会议）推选，本村共产生第×届村民代表××名，现将名单公布如下：
>
> 第一组：×××　×××　×××　×××
>
> 第二组：×××　×××　×××
>
> 第三组：×××　×××　×××
>
> 第四组：×××　×××　×××　×××
>
> ……
>
> 特此公告
>
> ××村第×届村民委员会（章）
>
> ××××年×月×日

统计表样式：

××村村民代表情况统计表

姓名	性别	民族	出生年月	文化程度	政治面貌	是否连任	所在村民小组	推选方式	
								村民小组会议	户代表会议

四、村民代表的撤换

村民代表若违反国家法律、法规和政策，不履行职责，不能胜任本职工作，给村民利益造成一定损失的，可以撤换。撤换、补选，适用原推选程序和方法。

程序九　总结和档案管理

村民委员会换届选举工作结束后,镇、村都要认真总结,撰写换届选举工作总结报告,分别报上一级换届选举工作领导机构,并填写有关报表。

村召开选举总结会议,听取村民选举委员会关于选举工作的总结。

镇(街道)选举工作领导小组召开村委会换届选举工作总结会议,报告选举情况,交流经验。

市(区)选举工作领导小组召开村委会换届选举工作总结会议,全面总结经验,表彰先进。

① 村民委员会换届选举工作情况报告单由村民选举委员会负责填写。

村民委员会选举情况报告单样式:

村民委员会选举情况报告单

××镇村民委员会换届选举工作领导机构:

按照上级统一部署,我村第×届村民委员会换届选举工作已于××××年×月×日全部结束,现将情况报告如下:

一、村民选举委员会共×人。主任:×××,副主任×××,委员:×××　×××。

二、选举日:××××年×月×日。登记参加选举的村民×人,参加投票选举的×人,其中委托票×人。村民委员会由主任1人,副主任×人,委员×人组成。

三、直接提名候选人名单:×××　×××　×××等共×人。

正式候选人名单:×××　×××　×××等共×人。

四、候选人名单公布日期××××年×月×日。

五、选举大会情况。选举大会××××年×月×日在×××召开。主持人:×××,监票人:×××　×××,唱票人:×××　×××,计票人:×××　×××。其他工作人员：×××　×××　×××　×××　×××。

六、设票箱情况。大会用固定票箱×个；流动票箱×个。

七、选举大会共发出选票×张，收回×张，其中，有效票×张，无效票×张，废票×张，弃权票×张。

八、正式选举结果。主任：×××得票数×张，其中主任票×张、副主任票×张，委员票×张；副主任：×××得票数×张，其中主任票×张、副主任票×张，委员票×张；委员：×××得票数×张，其中主任票×张、副主任票×张，委员票×张；委员：×××得票数×张，其中主任票×张、副主任票×张，委员票×张；委员：×××得票数×张，其中主任票×张、副主任票×张，委员票×张。

九、选举中有无扰乱、破坏选举秩序的行为。

十、村民反映的问题及处理结果。

……

××村第×届村民选举委员会（章）
××××年×月×日

② 各镇将新一届村民委员会换届选举情况统计表，报区民政局备案。

程序十　延期换届的处理

根据中共中央办公厅、国务院办公厅《关于加强和改进村民委员会选举工作的通知》（中办发〔2009〕20号）文件规定，村民委员会要依法按期进行换届选举，未经县（市、区）委批准，无故取消或拖延村民委员会换届选举的，要依法追究乡（镇、街道）党（工）委、政府和村党组织、村民委员会主要负责人的责任。

对延期换届的村，镇人民政府应当派驻工作组，有针对性地做好工作，在规定的六个月内及时完成换届选举，防止出现无限期延迟换届的情况。

程序十一　村委会成员的罢免、辞职、职务终止和补选

村民委员会成员应当遵纪守法，廉洁奉公，对违法乱纪或者严重失职的村民委员会成员，可以依法罢免。对因罢免或其他原因导致的村民委员会成员出现的缺额，应当在六十日内依法进行补选。

一、罢免

1. 罢免理由

村民委员会成员有下列情形之一的，可以对其提出罢免要求。

① 触犯法律尚未判处刑罚的。

② 工作中严重违反国家政策，以权谋私，索贿行贿，给国家资产、集体经济和他人财产造成重大损失的。

③ 决定村中事务不按程序规定，难以胜任本职工作，村民不信任的。

2. 罢免程序

① 填报罢免备案表。

② 罢免村民委员会成员的投票表决，不论是否通过，都应填报"罢免备案表"，一式三份：一份留存、一份报镇人民政府备案、一份报区民政局备案。

罢免备案表的样式：

××村罢免村民委员会成员备案表

××××年×月×日

被罢免人基本情况	姓名		性别		年龄		民族	
	政治面貌		文化程度			职务		
罢免要求情况	提出罢免时间			要求罢免(村民代表)人数				
罢免理由								
申辩意见								

续表

罢免表决情况	登记参加罢免的村民人数		参加投票人数		同意票数	
	反对票数		无效票数	弃权票数		废票数
反对票数		无效票数		弃权票数		废票数

主持人：　　　　（签字）
监票人：　　　　（签字）
计票人：　　　　（签字）
唱票人：　　　　（签字）
附：提出罢免要求的村民（村民代表）名单

二、辞职

1. 提出书面申请

提出辞职的村民委员会成员，应当向村民委员会写出书面申请。

辞职申请书样式：

辞职申请书

××村民委员会：

鉴于本人因×××（原因），自愿辞去第×届村民委员会××（职务）。

　　　　　　　　　　　　　　辞职人：×××（签字）
　　　　　　　　　　　　　　××××年×月×日

---

2. 研究通过

村民委员会接到辞职申请书后，应当召开村民会议或者村民代表会议进行讨论，根据多数村民的意见作出是否同意其辞职的决定，并报镇人民政府备案。

3. 辞职审计

村民委员会成员工作一段时间提出辞职的，应当对其进行财务审计。按照有关规定，审计工作由镇人民政府组织实施。

4. 发布公告

对村民委员会成员的辞职要求，是否同意其辞职，都应当发布公告，告知村民。

村民委员会成员辞职公告样式：

××村第×届村民委员会公告

村民委员会成员×××，因×××（原因），本人提出辞职请求，经村民会议（村民代表会议）××××年×月×日讨论决定，同意（不同意）辞职。

特此公告

××村村民委员会（章）
××××年×月×日

三、职务终止

村民委员会成员职务终止，应当发布公告。

村民委员会成员职务终止公告样式：

××村第×届村民委员会公告

村民委员会成员×××，因×××××××，根据《××省村民委员会选举办法》第×条第×款规定，自××××年×月×日起，其村民委员会成员职务终止。

特此公告

××村村民委员会（章）
××××年×月×日

四、补选

补选是指村民委员会任期届满前，其成员出现缺额而进行的选举。村民委员会主持补选会议并把补选结果报镇人民政府和区民政局备案。

补选结果报告单样式：

××村村民委员会成员补选结果报告单

　　村民委员会于××××年×月×日召开村民会议（村民代表会议）补选村民委员会（职务）。本村共有登记参加选举的村民（村民代表）×名，实际参加投票选举的村民（村民代表×名，发出选票×张，收回选票×张，其中，有效票×张，无效票×张，弃权票×张，废票×张）。选举结果：主任×××，获得选票×张；副主任×××，获得选票×张；委员×××，获得选票×张。

补选人具体情况

姓名	当选职务	职务票数	总票数	政治面貌	性别	年龄	民族	文化程度	备注

附录

党政机关公文处理工作条例

中共中央办公厅文件
中办发〔2012〕14号

★

中共中央办公厅　国务院办公厅
关于印发《党政机关公文处理
工作条例》的通知

各省、自治区、直辖市党委和人民政府,中央和国家机关各部委,解放军各总部、各大单位,各人民团体:

　　《党政机关公文处理工作条例》已经党中央、国务院同意,现印发给你们,请遵照执行。

中共中央办公厅
国务院办公厅
2012年4月16日

(此件发至县团级)

党政机关公文处理工作条例

第一章 总 则

第一条 为了适应中国共产党机关和国家行政机关（以下简称党政机关）工作需要，推进党政机关公文处理工作科学化、制度化、规范化，制定本条例。

第二条 本条例适用于各级党政机关公文处理工作。

第三条 党政机关公文是党政机关实施领导、履行职能、处理公务的具有特定效力和规范体式的文书，是传达贯彻党和国家方针政策，公布法规和规章，指导、布置和商洽工作，请示和答复问题，报告、通报和交流情况等的重要工具。

第四条 公文处理工作是指公文拟制、办理、管理等一系列相互关联、衔接有序的工作。

第五条 公文处理工作应当坚持实事求是、准确规范、精简高效、安全保密的原则。

第六条 各级党政机关应当高度重视公文处理工作，加强组织领导，强化队伍建设，设立文秘部门或者由专人负责公文处理工作。

第七条 各级党政机关办公厅（室）主管本机关的公文处理工作，并对下级机关的公文处理工作进行业务指导和督促检查。

第二章 公文种类

第八条 公文种类主要有：

（一）决议。适用于会议讨论通过的重大决策事项。

（二）决定。适用于对重要事项作出决策和部署、奖惩有关单位和人员、变更或者撤销下级机关不适当的决定事项。

（三）命令（令）。适用于公布行政法规和规章、宣布施行重大强制性措施、批准授予和晋升衔级、嘉奖有关单位和人员。

（四）公报。适用于公布重要决定或者重大事项。

（五）公告。适用于向国内外宣布重要事项或者法定事项。

（六）通告。适用于在一定范围内公布应当遵守或者周知的事项。

（七）意见。适用于对重要问题提出见解和处理办法。

（八）通知。适用于发布、传达要求下级机关执行和有关单位周知或者执行的事项，批转、转发公文。

（九）通报。适用于表彰先进、批评错误、传达重要精神和告知重要情况。

（十）报告。适用于向上级机关汇报工作、反映情况，回复上级机关的询问。

（十一）请示。适用于向上级机关请求指示、批准。

（十二）批复。适用于答复下级机关请示事项。

（十三）议案。适用于各级人民政府按照法律程序向同级人民代表大会或者人民代表大会常务委员会提请审议事项。

（十四）函。适用于不相隶属机关之间商洽工作、询问和答复问题、请求批准和答复审批事项。

（十五）纪要。适用于记载会议主要情况和议定事项。

第三章 公文格式

第九条 公文一般由份号、密级和保密期限、紧急程度、发文机关标志、发文字号、签发人、标题、主送机关、正文、附件说明、发文机关署名、成文日期、印章、附注、附件、抄送机关、印发机关和印发日期、页码等组成。

（一）份号。公文印制份数的顺序号。涉密公文应当标注份号。

（二）密级和保密期限。公文的秘密等级和保密的期限。涉密公文应当根据涉密程度分别标注"绝密""机密""秘密"和保密期限。

（三）紧急程度。公文送达和办理的时限要求。根据紧急程度，紧急公文应当分别标注"特急""加急"，电报应当分别标注"特提""特急""加急""平急"。

（四）发文机关标志。由发文机关全称或者规范化简称加"文件"二字组成，也可以使用发文机关全称或者规范化简称。联合行文时，发文机关标志可以并用联合发文机关名称，也可以单独用主办机关名称。

（五）发文字号。由发文机关代字、年份、发文顺序号组成。联合行文时，使用主办机关的发文字号。

（六）签发人。上行文应当标注签发人姓名。

（七）标题。由发文机关名称、事由和文种组成。

（八）主送机关。公文的主要受理机关，应当使用机关全称、规范化简称或者同类型机关统称。

（九）正文。公文的主体，用来表述公文的内容。

（十）附件说明。公文附件的顺序号和名称。

（十一）发文机关署名。署发文机关全称或者规范化简称。

（十二）成文日期。署会议通过或者发文机关负责人签发的日期。联合行文时，署最后签发机关负责人签发的日期。

（十三）印章。公文中有发文机关署名的，应当加盖发文机关印章，并与署名机关相符。有特定发文机关标志的普发性公文和电报可以不加盖印章。

（十四）附注。公文印发传达范围等需要说明的事项。

（十五）附件。公文正文的说明、补充或者参考资料。

（十六）抄送机关。除主送机关外需要执行或者知晓公文内容的其他机关，应当使用机关全称、规范化简称或者同类型机关统称。

（十七）印发机关和印发日期。公文的送印机关和送印日期。

第十条　公文的版式按照《党政机关公文格式》国家标准执行。

第十一条　公文使用的汉字、数字、外文字符、计量单位和标点符号等，按照有关国家标准和规定执行。民族自治地方的公文，可以并用汉字和当地通用的少数民族文字。

第十二条　公文用纸幅面采用国际标准A4型。特殊形式的公文用纸幅面，根据实际需要确定。

第四章　行　文　规　则

第十三条　行文应当确有必要，讲求实效，注重针对性和可操作性。

第十四条　行文关系根据隶属关系和职权范围确定。一般不得越级行文，特殊情况需要越级行文的，应当同时抄送被越过的机关。

第十五条　向上级机关行文，应当遵循以下规则：

（一）原则上主送一个上级机关，根据需要同时抄送相关上级机关和同级机关，不抄送下级机关。

（二）党委、政府的部门向上级主管部门请示、报告重大事项，应当经本级党委、政府同意或者授权；属于部门职权范围内的事项应当直接报送上级主管部门。

（三）下级机关的请示事项，如需以本机关名义向上级机关请示，应当提出倾向性意见后上报，不得原文转报上级机关。

（四）请示应当一文一事。不得在报告等非请示性公文中夹带请示事项。

（五）除上级机关负责人直接交办事项外，不得以本机关名义向上级机关负责人报送公文，不得以本机关负责人名义向上级机关报送公文。

（六）受双重领导的机关向一个上级机关行文，必要时抄送另一个上级机关。

第十六条　向下级机关行文，应当遵循以下规则：

（一）主送受理机关，根据需要抄送相关机关。重要行文应当同时抄送发文机关的直接上级机关。

（二）党委、政府的办公厅（室）根据本级党委、政府授权，可以向下级党委、政府行文，其他部门和单位不得向下级党委、政府发布指令性公文或者在公文中向下级党委、政府提出指令性要求。需经政府审批的具体事项，经政府同意后可以由政府职能部门行文，文中须注明已经政府同意。

（三）党委、政府的部门在各自职权范围内可以向下级党委、政府的相关部门行文。

（四）涉及多个部门职权范围内的事务，部门之间未协商一致的，不得向下行文；擅自行文的，上级机关应当责令其纠正或者撤销。

（五）上级机关向受双重领导的下级机关行文，必要时抄送该下级机关的另一个上级机关。

第十七条　同级党政机关、党政机关与其他同级机关必要时可以联合行文。属于党委、政府各自职权范围内的工作，不得联合行文。党委、政府的部门依据职权可以相互行文。部门内设机构除办公厅（室）外不得对外正式行文。

第五章　公文拟制

第十八条　公文拟制包括公文的起草、审核、签发等程序。

第十九条　公文起草应当做到：

（一）符合国家法律法规和党的路线方针政策，完整准确体现发文机关意图，并同现行有关公文相衔接。

（二）一切从实际出发，分析问题实事求是，所提政策措施和办法切实可行。

（三）内容简洁，主题突出，观点鲜明，结构严谨，表述准确，文字精炼。

（四）文种正确，格式规范。

（五）深入调查研究，充分进行论证，广泛听取意见。

（六）公文涉及其他地区或者部门职权范围内的事项，起草单位必须征求相关地区或者部门意见，力求达成一致。

（七）机关负责人应当主持、指导重要公文起草工作。

第二十条　公文文稿签发前，应当由发文机关办公厅（室）进行审核。审核的重点是：

（一）行文理由是否充分，行文依据是否准确。

（二）内容是否符合国家法律法规和党的路线方针政策；是否完整准确体现发文机关意图；是否同现行有关公文相衔接；所提政策措施和办法是否切实可行。

（三）涉及有关地区或者部门职权范围内的事项是否经过充分协商并达成一致意见。

（四）文种是否正确，格式是否规范；人名、地名、时间、数字、段落顺序、引文等是否准确；文字、数字、计量单位和标点符号等用法是否规范。

（五）其他内容是否符合公文起草的有关要求。

需要发文机关审议的重要公文文稿，审议前由发文机关办公厅（室）进行初核。

第二十一条　经审核不宜发文的公文文稿，应当退回起草单位并说明理由；符合发文条件但内容需作进一步研究和修改的，由起草单位修改后重新报送。

第二十二条　公文应当经本机关负责人审批签发。重要公文和上行文由机关主要负责人签发。党委、政府的办公厅（室）根据党委、政府授权制发的公文，由受权机关主要负责人签发或者按照有关规定签发。签发人签发公文，应当签署意见、姓名和完整日期；圈阅或者签名的，视为同意。联合发文由所有联署机关的负责人会签。

第六章　公文办理

第二十三条　公文办理包括收文办理、发文办理和整理归档。

第二十四条　收文办理主要程序是：

（一）签收。对收到的公文应当逐件清点，核对无误后签字或者盖章，并注明签收时间。

（二）登记。对公文的主要信息和办理情况应当详细记载。

（三）初审。对收到的公文应当进行初审。初审的重点是：是否应当由本机关办理，是否符合行文规则，文种、格式是否符合要求，涉及其他地区或者部门职权范围内的事项是否已经协商、会签，是否符合公文起草的其他要求。经初审不符合规定的公文，应当及时退回来文单位并说明理由。

（四）承办。阅知性公文应当根据公文内容、要求和工作需要确定范围后分送。批办性公文应当提出拟办意见报本机关负责人批示或者转有关部门办理；需要两个以上部门办理的，应当明确主办部门。紧急公文应当明确办理时限。承办部门对交办的公文应当及时办理，有明确办理时限要求的应当在规定时限内办理完毕。

（五）传阅。根据领导批示和工作需要将公文及时送传阅对象阅知或者批示。办理公文传阅应当随时掌握公文去向，不得漏传、误传、延误。

（六）催办。及时了解掌握公文的办理进展情况，督促承办部门按期办结。紧急公文或者重要公文应当由专人负责催办。

（七）答复。公文的办理结果应当及时答复来文单位，并根据需要告知相关单位。

第二十五条　发文办理主要程序是：

（一）复核。已经发文机关负责人签批的公文，印发前应当对公文的审批手续、内容、文种、格式等进行复核；需作实质性修改的，应当报原签批人复审。

（二）登记。对复核后的公文，应当确定发文字号、分送范围和印制份数并详细记载。

（三）印制。公文印制必须确保质量和时效。涉密公文应当在符合保密要求的场所印制。

（四）核发。公文印制完毕，应当对公文的文字、格式和印刷质量进行检查后分发。

第二十六条　涉密公文应当通过机要交通、邮政机要通信、城市机要文件交换站或者收发件机关机要收发人员进行传递，通过密码电报或者符合国家保密规定的计算机信息系统进行传输。

第二十七条　需要归档的公文及有关材料，应当根据有关档案法律法规以及机关档案管理规定，及时收集齐全、整理归档。两个以上机关联合办理的公文，原件由主办机关归档，相关机关保存复制件。机关负责人兼任其他机关职务的，在履行所兼职务过程中形成的公文，由其兼职机关归档。

第二十八条　各级党政机关应当建立健全本机关公文管理制度，确保管理严格规范，充分发挥公文效用。

第二十九条　党政机关公文由文秘部门或者专人统一管理。设立党委（党组）的县级以上单位应当建立机要保密室和机要阅文室，并按照有关保密规定配备工作人员和必要的安全保密设施设备。

第三十条 公文确定密级前,应当按照拟定的密级先行采取保密措施。确定密级后,应当按照所定密级严格管理。绝密级公文应当由专人管理。公文的密级需要变更或者解除的,由原确定密级的机关或者其上级机关决定。

第三十一条 公文的印发传达范围应当按照发文机关的要求执行;需要变更的,应当经发文机关批准。涉密公文公开发布前应当履行解密程序。公开发布的时间、形式和渠道,由发文机关确定。经批准公开发布的公文,同发文机关正式印发的公文具有同等效力。

第三十二条 复制、汇编机密级、秘密级公文,应当符合有关规定并经本机关负责人批准。绝密级公文一般不得复制、汇编,确有工作需要的,应当经发文机关或者其上级机关批准。复制、汇编的公文视同原件管理。复制件应当加盖复制机关戳记。翻印件应当注明翻印的机关名称、日期。汇编本的密级按照编入公文的最高密级标注。汇编,确有工作需要的,应当经发文机关或者其上级机关批准。复制、汇编的公文视同原件管理。

复制件应当加盖复制机关戳记。翻印件应当注明翻印的机关名称、日期。汇编本的密级按照编入公文的最高密级标注。

第三十三条 公文的撤销和废止,由发文机关、上级机关或者权力机关根据职权范围和有关法律法规决定。公文被撤销的,视为自始无效;公文被废止的,视为自废止之日起失效。

第三十四条 涉密公文应当按照发文机关的要求和有关规定进行清退或者销毁。

第三十五条 不具备归档和保存价值的公文,经批准后可以销毁。销毁涉密公文必须严格按照有关规定履行审批登记手续,确保不丢失、不漏销。个人不得私自销毁、留存涉密公文。

第三十六条 机关合并时,全部公文应当随之合并管理;机关撤销时,需要归档的公文经整理后按照有关规定移交档案管理部门。

工作人员离岗离职时,所在机关应当督促其将暂存、借用的公文按照有关规定移交、清退。

第三十七条 新设立的机关应当向本级党委、政府的办公厅(室)提出发文立户申请。经审查符合条件的,列为发文单位,机关合并或者撤销时，相应进行调整。

第七章 附 则

第三十八条 党政机关公文含电子公文。电子公文处理工作的具体办法另行制定。

第三十九条 法规、规章方面的公文，依照有关规定处理。外事方面的公文，依照外事主管部门的有关规定处理。

第四十条 其他机关和单位的公文处理工作，可以参照本条例执行。

第四十一条 本条例由中共中央办公厅、国务院办公厅负责解释。

第四十二条 本条例自2012年7月1日起施行。1996年5月3日中共中央办公厅发布的《中国共产党机关公文处理条例》和2000年8月24日国务院发布的《国家行政机关公文处理办法》停止执行。

参 考 文 献

[1] 陈子典,胡欣育. 应用文写作. 北京:北京师范大学出版社,2011.
[2] 赵平祥,史钟锋. 财经应用写作. 北京:中国科学技术出版社,2003.
[3] 杨文丰. 现代应用文书写作. 北京:中国人民大学出版社,2011.
[4] 范瑞雪,刘召明. 财经应用文写作. 北京:经济科学出版社,2005.
[5] 马永飞. 应用文写作. 北京:北京师范大学出版社,2013.
[6] 刘孟宇,萧德明. 公文文书写作. 北京:中国人事出版社,1991.
[7] 杨国春. 公务员实用文书写作. 北京:警官教育出版社,2003.
[8] 曾昭乐. 现代公文写作. 广州:中山大学出版社,2005.
[9] 裘樟鑫,黄加平. 新农村应用文. 杭州:浙江工商大学出版社,2012.
[10] 金常德. 农村常用应用文写作. 北京:金盾出版社,2009.
[11] 唐文. 农村应用文. 成都:四川辞书出版社.2008.

注:部分材料来自网络。